Dinámica de grupos

Dinámica de grupos

Técnicas y tácticas

José de Jesús González Núñez
Anameli Monroy de Velasco
Ethel Kupferman Silberstein

Dinámica de grupos

Portada: Julieta Bracho.estudio Jamaica

Primera edición en Terracota: octubre de 2020

© 2020, J. de Jesús González Núñez, Anameli Monroy, E. Kupferman Silberstein
© 2020, Editorial Terracota bajo el sello PAX

Las marcas ♀PAX y ♀PAX MÉXICO son propiedad
de Editorial Terracota, SA de CV.

ISBN: 978-607-713-178-6

© 2020, Editorial Terracota, SA de CV
Av. Cuauhtémoc 1430
Col. Santa Cruz Atoyac
03310 Ciudad de México

Tel. 55 5335 0090
www.editorialpax.com

Impreso en México / *Printed in Mexico*

2024   2023   2022   2021   2020
   5   4   3   2   1

CONTENIDO

Introducción

Nuestra sociedad presenta necesidades y características peculiares en las que el trabajo en grupos cada vez se hace más común y necesario. Profesionistas de los diferentes campos laborales encuentran sumamente útil y práctico el trabajo grupal, ya sea por razones económicas, de tiempo o, simplemente, porque en muchos casos sus efectos son más positivos que los del trabajo individual.

Este libro pretende servir como una guía sencilla y general a aquellas personas cuya labor o interés las pone en la situación de tener que conducir grupos en la industria, la escuela y la comunidad en general; espera ser de utilidad para psicólogos, maestros, trabajadores y voluntarias sociales, consejeros, administradores de empresas, comunicadores, profesionales que trabajan en relaciones industriales y otras personas interesadas en las relaciones humanas.

Este libro fue elaborado con el propósito de brindar una información útil y funcional para todo profesionista que se interese en la conducción de grupos. No pretendimos hacer una presentación exhaustiva ni teórica del tema, pero sí sembrar una semilla de interés por su estudio futuro más profundo y detallado.

Dr. José de Jesús González Núñez
Profra. y Psic. Anameli Monroy de Velasco
Psic. Ethel Kupferman Silberstein

Primera parte. Grupos humanos

Nuestro actual modo de vida nos exige una constante interacción con los demás. Hoy en día no podemos concebir al hombre como un ser aislado en el tiempo y el espacio. El individuo pertenece a un grupo e influye en él de manera decisiva. Por esta razón, cada día son más los psicólogos interesados en estudiar las relaciones entre la interacción social y la conducta de los seres humanos.

De este interés surge un área de la psicología orientada hacia la comprensión de los factores que entrañan problemas sociales y la capacidad para resolverlos. Nos referimos a la psicología social, cuyo objetivo es centrar su atención en las regularidades de la conducta humana que surgen del hecho de que los hombres participan en grupos. Esta disciplina ha comenzado a tomar forma a partir de las convergencias de intereses de individuos provenientes de una variedad de ciencias y disciplinas como la antropología, la psiquiatría, la psicología y la sociología.

Definición de grupo
El concepto de grupo es sumamente importante pues este es la unidad básica en el estudio de la organización de los seres humanos desde un punto de vista psicosocio-antropológico. Por lo tanto, para poder estudiar a un grupo es necesario identificar sus diferentes dimensiones con una aproximación interdisciplinaria. Son diversos los criterios que se han tomado en cuenta para definir a un grupo: se han considerado, por ejemplo, el tamaño, la duración, el grado de formalización, las actividades, la estructura interna, los objetivos.

En este capítulo se tratarán de resumir algunas de las definiciones representativas de los criterios diversos:

Olmsted dice que un grupo es un número reducido de miembros que *interaccionan* cara a cara y forman lo que se conoce como grupo primario.

Lindgren define a los grupos primarios como aquellos en los que las *relaciones interpersonales* se llevan a cabo directamente y con gran frecuencia, suelen realizarse en un plano más íntimo y existe mayor cohesión entre sus miembros.

Lewin, a su vez, nos dice que la similitud entre las personas solo permite su clasificación o reunión bajo un mismo concepto abstracto, en cambio, que el hecho de pertenecer al mismo grupo social implica la existencia de *interrelaciones concretas y dinámicas* entre dichas personas. Para él, los grupos fuertes y bien organizados, lejos de ser totalmente homogéneos, contienen una variedad de subgrupos e individuos, por lo que, desde su punto de vista, no es la similitud o la disimilitud lo que decide la existencia de un grupo social, sino más bien la *interdependencia* de sus miembros.

Sprott opina que la *interacción* de los miembros es básica para definir un grupo; para este autor, un grupo, en sentido psicosociológico, es una pluralidad de personas que interaccionan en un contexto dado, más de lo que interaccionan con cualquier otra persona.

Para W. Coutu, el grupo en la sociedad humana representa cierta clase de *comportamiento interaccional* o alguna clase de relación.

R.F. Bales define a un grupo pequeño como cualquier número de personas que *interactúan* entre sí cara a cara, en un encuentro o en una serie de encuentros, donde cada miembro recibe alguna percepción de los demás participantes, lo bastante distintiva como que lo capacita, en ese momento o en un interrogatorio posterior, a dar alguna reacción a cada uno de los otros miembros como persona individual (aunque solo sea recordar que el otro estaba presente).

Para G.C. Hormans, la *interacción* de los miembros es el criterio único para la existencia de un grupo. Así nos dice: "Se entiende por grupo cierta cantidad de personas que se comunican a menudo entre sí, durante cierto tiempo y que son lo suficientemente pocas para que cada una de ellas pueda comunicarse con todas las demás en forma directa". Hormans proporciona medios funcionales para decidir si dos personas son miembros del mismo grupo: "Un grupo se define por la interacción de sus miembros. Si se dice que los individuos A, B, C, D, E forman un grupo, esto significa que por lo menos se tienen las siguientes circunstancias: en cierto tiempo, A interactúa con B, C, D y E más que con M, N, L, O, P, a quienes se prefiere considerar como extraños o miembros de otros grupos. B, también intecactúa más con

A, C, D, E, que con los extraños, y así sucede con los otros miembros del grupo. Es posible, por el simple hecho de contar las interacciones, señalar a un grupo cuantitativamente distinto de los otros".

Por otra parte W. Smith, considera la *conciencia del grupo como grupo* como factor importante. Define al grupo social como una unidad consistente en un grupo plural de organismos (agentes) que tienen una percepción colectiva de dicha unidad y que poseen, además, el poder de actuar de un modo unitario respecto al ambiente.

Montan Deutsch describe al grupo de acuerdo con los *fines comunes*, por lo que dice que en la medida en que los individuos que componen un grupo, persiguen fines interdependientes, se puede hablar de la existencia de un grupo social: "Esas finalidades podrían ser la protección de un interés, resolver alguna tarea por pequeña que sea, o la mera supervivencia del grupo […] Dichas normas varían de grupo a grupo según la tarea particular que debe ser realizada, según sus historias y vicisitudes pasadas, a los peligros, si es que existen, que lo amenazan desde el exterior o el interior". Montan Deutsch hace hincapié en que los grupos son entidades dinámicas, y no colecciones de individuos hechas al azar.

A su vez, G. Gurtuitch define el grupo como "una unidad colectiva que encara una obra común y tiende a un cierto equilibrio, en el que las fuerzas centrípetas superan a las fuerzas centrífugas".

Por otra parte, si un conjunto de gente interactúa con frecuencia y por largos periodos de tiempo, es probable que sus interacciones adquieran un patrón, que desarrollen esperanzas respecto a la conducta mutua y que lleguen a identificarse entre sí como miembros de la misma entidad social. Así, Morton apunta que, a menudo, se han incorporado tales circunstancias de la interacción en la definición de grupo: "Por lo general se comprende que el concepto sociológico de grupo se refiere al *número* de personas que interactúan entre sí, según *patrones establecidos*. A veces se enuncia esto como un número de personas que tienen relaciones sociales establecidas y características. Sin embargo, las dos afirmaciones son equivalentes pues las 'relaciones sociales' son, en sí, formas encasilladas de interacción social que duran lo suficiente como para volverse partes identificables de una estructura social".

Una orientación en esencia similar, aunque expresada en diferente terminología, fue ofrecida por Newcomb, pues para él, un grupo consiste en dos o más personas que comparten *normas* con respecto a ciertas cosas, y cuyos *roles sociales* están estrechamente intervinculados. La extensión que abarcan las normas compartidas puede ser grande o pequeña, pero a nivel núnimo incluye cualquier cosa que distinga los intereses comunes de los miembros del grupo. También incluye necesariamente normas sobre los papeles entrelazados de los miembros del grupo, pues se definen en términos recíprocos. Estos rasgos distintivos del grupo, normas compartidas y papeles entrelazados, presuponen una relación de interacción y comunicación más que transitoria.

Ciertos escritores de la tradición psicoanalítica, más preocupados por los aspectos psicológicos de los grupos que por la interacción o sus productos, han hecho hincapié en un tipo diferente de interdependencia. Según Freud, dos o más personas constituyen un grupo psicológico si han escogido el mismo *objeto-modelo* (líder) o los mismos *ideales,* o ambos, en sus superegos y, por consiguiente, se han *identificado* entre ellos. Redl postuló que la formación de grupos también ocurre cuando varios individuos han usado los mismos *objetos* como medios de liberar conflictos internos similares. Más aún, el líder podría ser objeto de *identificación* con base en el amor o el miedo que por él tienen los miembros del grupo, es un objetivo de las pulsiones de amor o agresión, o ambas. Como resultado de esos nexos comunes con el líder, todos pueden funcionar juntos en cualquier grupo, surgiendo los lazos afectivos entre los individuos.

Se debe tomar en cuenta el punto de vista de Freud acerca de que en todos los grupos existe un elemento moral, *estándares,* patrones o *normas explícitas.* Kelch también considera las normas y dice: "Un grupo puede definirse como dos o más personas, con relaciones interdependientes y que *comparten una ideología,* es decir, valores, *creencias y normas* que regulan su conducta mutua".

Algunos psicólogos han centrado su atención en la gratificación que los miembros obtienen de pertenecer al grupo. Afirman que a menos que en una reunión de personas, sus relaciones proporcionen algún grado de satisfacía cada uno de los miembros, dicha reunión no permanecerá como entidad social distintiva. La definición dada por Bams expresa este punto de vista: "Un grupo se define como un conjunto de individuos, cuya existencia como conjunto los recompensa".

Albion Small definió el grupo como "una designación axiológica conveniente para indicar cualquier cantidad de personas, grande o pequeña, entre las cuales se han establecido tales relaciones que solo se pueden imaginar aquellas como un conjunto, es decir, un número de personas cuyas *relaciones mutuas* son tan importantes como para que demanden nuestra atención".

Cartwright y Zander definen el grupo afirmando que cualquier persona perteneciente a un grupo particular queda afectada de alguna forma por el hecho de la *membresía*. "Es de esperarse que los efectos de la membresía sobre una persona serán mayores cuanto más fuerte sea el 'carácter' de grupo de la serie de individuos que constituyen dicho grupo."

Actualmente varios autores han definido un grupo como una reunión, más o menos *permanente,* de varias personas que *interactúan* y se *interfluyen* entre sí con el objeto de lograr ciertas *metas comunes,* en donde todos los integrantes se *reconocen como miembros pertenecientes* al grupo y rigen su conducta con base en una serie de *normas y valores* que todos han creado o modificado.

Características y propiedades de un grupo

Didier Anzieu dice que las principales *características* de un grupo son las siguientes:

a) Está formado por personas, para que cada una perciba a todas las demás en forma individual y para que exista una relación social recíproca.
b) Es permanente y dinámico, de tal manera que su actividad responde a los intereses y valores de cada una de las personas.
c) Posee intensidad en las relaciones afectivas, lo cual da lugar a la formación de subgrupos por su afinidad.
d) Existe solidaridad e interdependencia entre las personas, tanto dentro del grupo como fuera de este.
e) Los roles de las personas están bien definidos y diferenciados.
f) El grupo posee su propio código y lenguaje, así como sus propias normas y creencias.

Cartwright y Zander opinan que para que pueda hablarse de grupo es necesario que exista la reunión de dos o más personas y que dicho grupo posea alguna o algunas de las siguientes características:

a) Que sus integrantes interactúen frecuentemente.
b) Se reconozcan unos a otros como pertenecientes al grupo.
c) Que otras personas ajenas al grupo también los reconozcan como miembros de este.
d) Acepten las mismas normas.
e) Se inclinen por temas de interés común.
f) Constituyan una red de papeles entrelazados.

g) Se identifiquen con un mismo modelo que rija sus conductas y que exprese sus ideales.

h) El grupo les proporcione recompensa de algún tipo.

i) Las metas que buscan alcanzar sean interdependientes.

j) Todos perciban el grupo como una unidad.

k) Actúen en forma similar respecto al ambiente.

Propiedades

Los autores Malcom y Knowels, a su vez, consideran diez *propiedades* comunes a todos los grupos:

a) Antecedentes. Se refieren a ciertos factores que los grupos pueden tener o no tener. Algunos componentes de dichos antecedentes son: que un grupo se reúna por primera vez o que se haya reunido con anterioridad; la claridad que tengan los miembros acerca de las finalidades del grupo o de alguna reunión; la clase de personas que componen el grupo, su experiencia, su papel, el tipo de jerarquía que prevalece, etcétera.

Para poder estudiar un grupo, es necesario conocer esos factores, ya que estos pueden constituir una base que permita comprender las actitudes de los integrantes y, en general, al grupo como organismo.

b) Esquema o patrón de participación. Esta propiedad está determinada por la dirección de las relaciones existentes dentro del grupo y por el grado de participación de los miembros en los asuntos grupales. Las relaciones mencionadas pueden ser *unidireccionales,* es decir, de la autoridad hacia los demás integrantes; *bidireccionales,* o sea, cuando el jefe se dirige a los individuos del grupo y estos a su vez se comunican con el jefe o también *multidireccionales,* que se da cuando todas las personas se comunican unas con otras.

Por otro lado, se considera que mientras mayor es la participación de los individuos para el logro de los objetivos comunes, hay un menor grado de resistencia a los cambios y, también, es mayor la productividad y la satisfacción personal.

c) Comunicación. Es el proceso a través del cual es posible la transmisión de ideas, sentimientos o creencias entre las personas; hace posible la comprensión no solo entre individuos, sino también entre grupos sociedades, naciones, etcétera.

La comunicación puede ser *verbal y no verbal:* la primera viene determinada por la utilización del lenguaje oral o escrito, y es la que se utiliza con mayor frecuencia; la segunda se refiere al uso de cualquier otro recurso como posturas, silencios, gestos faciales.

La comunicación del grupo se divide en *comunicación intergrupo,* cuando se establece entre dos o más grupos e *intragrupo,* que es la comunicación que prevalece entre los miembros de un mismo grupo.

Los psicólogos sociales consideran la comunicación como una transacción, la cual no puede establecerse si el receptor no participa en mayor o menor grado en ella, es decir, si no tiene una participación más o menos activa en la misma. Los especialistas en la materia han considerado que son cinco los elementos básicos de la comunicación, mismos que se explican a continuación:

—*Emisor:* se refiere a la persona que transmite el mensaje.
—*Receptor:* es el sujeto al cual va dirigido el mensaje.
—*Mensaje:* comprende el contenido de la comunicación.
—*Código:* es el elemento referente al conjunto de símbolos utilizados para que el mensaje sea captado por el receptor.
—*Puesta en relieve y camuflaje:* se refiere a las decisiones que debe tomar el emisor antes de transmitir un mensaje; dichas decisiones se basan en la selección del contenido del mensaje así como el código a utilizar.

Un sistema de comunicación, para que sea completo, tiene que involucrar a todos los individuos que deben estar informados, ya que, de otra manera, se saltan eslabones en la cadena. Un buen sistema debe permitir la comunicación en ambos sentidos, es decir, de los estatus altos a los más bajos, y viceversa (si no está permitida la comunicación de los estatus bajos a los altos pueden acumularse frustraciones y quejas, que al final, traen como consecuencia una disminución en la eficiencia).

Los *ruidos* que se pueden presentar en una comunicación (física, psíquica, etc.), interfieren y deforman el mensaje original y por lo mismo producen *distorsión.* Esta última debe evitarse con el fin de que haya una verdadera comprensión del mensaje transmitido originalmente.

La comunicación es muy importante en la vida del grupo, su ausencia o un mal sistema comunicativo afectan la cohesión e integración del mismo.

d) Cohesión. Esta propiedad ha sido definida por Sprott (1975) como: "El campo total de fuerzas motivantes que actúan sobre los miembros para mantenerlos en el grupo."

Este campo total de fuerzas motivantes está determinado por diversos factores humanos, tales como la estimación hacia otros integrantes del grupo, la admiración profesional, las perspectivas de aprendizaje, el sentido de proteccionismo y muchos otros más.

Esta cohesión puede manifestarse en una atmósfera agradable, en la cooperatividad, en la integración del grupo y, en general, en unas relaciones humanas más o menos satisfactorias.

La cohesión se refiere al grado de atracción que experimenta la persona hacia los demás miembros del grupo y puede ser apreciada mediante la técnica de análisis conocida como test sociométrico.

e) Atmósfera. Se refiere a la disposición de ánimo o sentimientos que se encuentran difundidos dentro del grupo. Afecta la espontaneidad de los miembros ya que, generalmente, la conducta del individuo está más o menos determinada por la forma en que percibe la atmósfera. La atmósfera de un grupo se encuentra condicionada por factores internos y externos. Entre los primeros se incluyen la comunicación, los aspectos emocionales de los integrantes, el tipo de dirección, la propia estructura organizacional, etc. Entre los factores externos se pueden mencionar, entre otros, la imagen del grupo, las oportunidades de desarrollo y la aceptación del grupo en la sociedad.

Como producto de todos estos factores, la atmósfera de un grupo puede ser cordial, tensa, formal, libre, autoritaria.

f) Normas. Son las reglas que rigen la conducta de los individuos del grupo y que en conjunto forman lo que se denomina código. El objetivo de las normas es propiciar una estructura estable en pro del logro de los objetivos planeados.

Las normas pueden ser *implícitas* y *explícitas.* Las primeras son aquellas que están sobreentendidas, en virtud de su carácter tácito. Por ejemplo, un individuo dentro de un grupo de trabajo sabe que no debe ofender a los demás miembros, lo cual no es necesario que se le comunique para que tenga conciencia de ello.

Las normas explícitas son aquellas que requieren una instrucción previa para tener conocimiento de ellas, por ejemplo: la hora de entrada al trabajo, usar corbata en horas de trabajo y otras.

Desde otro punto de vista y atendiendo al carácter de obligatoriedad, las normas pueden ser clasificadas en *formales* e *informales.* Las primeras son las impuestas por la autoridad; las informales vienen dadas por las costumbres del grupo.

Múltiples ejemplos de las normas formales se pueden encontrar en las leyes que rigen la conducta de los ciudadanos de una nación. En el segundo grupo podemos identificar las tradiciones y las costumbres propiamente dichas, tales como el horario de alimentos de los miembros de una familia, acudir a las citas religiosas, entre otras.

g) Patrón sociométrico. Este se puede definir como las relaciones de amistad o antipatía que existen entre los miembros de todo el grupo. Tiene una gran influencia en las actitudes grupales ya que afecta la atmósfera, la comunicación, etcétera.

El patrón sociométrico está íntimamente ligado con el grado de cohesión existente entre los integrantes de los grupos.

h) Estructura y organización. Todo grupo tiene una estructura para su organización *visible* y otra para la *invisible.* La primera se refiere a la división del trabajo y a la ejecución de las tareas esenciales. La segunda es la referente a convenios no reglamentados o implícitos, basados en criterios tales como influencia, antigüedad, poder, habilidades y otros.

i) Procedimientos. Son los medios utilizados para lograr los objetivos. Al hacer la selección de los procedimientos debe tomarse en cuenta cierta flexibilidad que permita actuar cuando se produzcan cambios imprevistos. Por otro lado, dichos procedimientos deben estar adaptados a las condiciones y al tipo de trabajo de cada grupo. Para ilustrar lo anterior daremos un ejemplo: en un grupo escolar cuyo objetivo fuese celebrar una fiesta de graduación, uno de los procedimientos a seguir podría ser la organización de rifas y colectas para la obtención de fondos que permitan llevar a cabo la celebración.

j) Metas. Son los fines hacia los que se dirigen las actividades del grupo. Las metas deben estar relacionadas, en cierto grado, con las necesidades y los intereses individuales para que estas y las necesidades del grupo se satisfagan de forma razonable. Esta relación se representa como sigue (Beal, Bohlen y Raudabaugh).

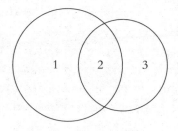

El círculo de los intereses individuales *1)* es mayor, ya que estos, generalmente, son más variados; el círculo *3)* representa, los intereses grupales.

El área *2)* está determinada por la superposición de los objetivos grupales e individuales, es decir, cuando los intereses individuales se satisfacen a través del grupo.

Las metas deben estar bien definidas y ser comunicadas a todos los miembros, con el fin de que estos sepan adonde van. Por otro lado, dichas metas sirven como un sistema de referencia que permite medir los logros y progresos que el grupo ha alcanzado.

Las metas han sido clasificadas en: *metas a corto, a mediano y a largo plazo*. Estas últimas dan una dirección a las actividades grupales; las dos primeras deben ser compatibles con las metas a largo plazo. Los conceptos "mediano, corto y largo plazo" comprenden periodos de tiempo completamente variables, dependiendo de criterios muy individuales. Sin embargo, para tener una visión más clara de dicha clasificación, estableceremos los siguientes tres lapsos de tiempo: metas a corto plazo hasta un año; metas a mediano plazo de uno a tres años; metas a largo plazo de tres años en adelante.

k) Papeles o roles. Otra propiedad que se puede incluir en la clasificación dada, es la de que todos los miembros de un grupo desempeñan *"roles" o funciones.*

Lindgren define los papeles de grupo como las pautas de acción que indican el rango que se ocupa y el rango de acción. Ralph Lintos, a su vez, los define en función de las acciones que el individuo realiza para validar la ocupación de un rango, y R. Miller dice que los roles tienen cierto efecto normativo en la conducta social y sirven para fijar límites en la conducta de los miembros de la sociedad, esenciales en la conducta social. Los roles determinan la conducta, según el rango que la persona ocupa.

Berlo subraya que rol es el nombre que se da a un conjunto de conductas y a una determinada posición dentro de un sistema social. Los nombres que se utilizan se refieren, al mismo tiempo, a un conjunto de conductas, y a una posición dentro de un sistema. Se puede citar, por ejemplo, el rol desempeñado por el padre: los padres son elementos del sistema social que llamamos "familia". El término "padre" se refiere a un conjunto de conductas llevadas a cabo en la familia, y también, a la posición que ocupan estas conductas en la familia. El padre desempeña muchas conductas: gana el sustento para la familia, impone disciplina a sus hijos, pone fin a disputas familiares, por ejemplo.

Si consideramos un sistema social como un espacio, cada rol ocupa cierta posición dentro de ese aspecto y está relacionado, en forma específica, con todas las demás posiciones dentro de él. Existe cierta relación entre la estructura de la personalidad del individuo y los papeles de acción que los integrantes de un grupo pueden aprender y aprenden a desempeñar. Para la buena formación de un grupo, es necesario que existan definiciones más formales, o sea, que existan roles definidos.

Los roles son estructuras impuestas a la conducta. Se pueden considerar las conductas de rol desde distintos puntos de vista. Todos ellos pueden ser apropiados para una determinada situación. Para analizar las conductas de rol se necesita utilizar tres enfoques:

1. *Prescripción del rol:* Exposición formal y explicita de lo que deben ser las conductas desempeñadas por las personas con un determinado rol.
2. *Descripción del rol:* Información de las conductas que son realmente desempeñadas por las personas con un determinado rol.
3. *Espectativas de rol:* Imágenes que se forma la gente sobre las conductas ejecutadas en un determinado rol.

Clasificación de los roles de miembro

El análisis siguiente de los roles funcionales de los miembros fue elaborado en relación con el primer laboratorio de Adiestramiento en Desarrollo de Grupo en 1947. Los roles se clasifican en tres categorías amplias:

Roles para la tarea del grupo

Su propósito es facilitar y coordinar los esfuerzos del grupo relacionados con la selección y definición de un problema común y con la solución de este.

Los roles se identifican en relación con las funciones de facilitación y coordinación de las actividades para la solución de problemas del grupo. Cada miembro puede desempeñar más de un rol en cualquier intervención o gran cantidad de roles en intervenciones sucesivas. Algunos o todos estos roles pueden ser desempeñados tanto por el "líder" del grupo, como por los diferentes miembros. Estos roles son:

a) *El iniciador-contribuyente.* Es quien sugiere o propone al grupos nuevas ideas o una forma diferente de ver el objetivo o el problema del grupo.
b) *El inquiridor de información.* Es la persona que pregunta para aclarar las sugerencias hechas, en términos de su adecuación a los hechos, para

obtener información autorizada y hechos pertinentes al problema que se discute.

c) *El inquiridor de opiniones.* Es quien elabora preguntas para poder aclarar los valores que conciernen a lo que el grupo está realizando.

d) *El informante.* Ofrece hechos o generalizaciones "autorizadas" o relaciona en forma adecuada su propia experiencia con el problema del grupo.

e) *El opinante.* Expresa oportunamente su creencia u opinión relativa a una sugerencia o sugerencias alternativas.

f) *El elaborador.* Explica las sugerencias en términos de ejemplo o significados ya desarrollados.

g) *El coordinador.* Muestra o clarifica la relación entre las diferentes ideas y sugerencias.

h) *El orientador.* Define la posición del grupo con respecto a sus objetivos.

i) *El crítico-evaluador.* Supedita las realizaciones del grupo a alguna norma o serie de normas de funcionamiento en el contexto de la tarea fijada.

j) *El dinamizador.* Intenta estimular al grupo a la acción o a la decisión.

k) *El técnico de procedimientos.* Acelera el movimiento del grupo realizando tareas de rutina.

l) *El registrador.* Anota las sugerencias ("memorias" del grupo); lleva un registro de las decisiones y del resultado de las discusiones del grupo.

Roles de constitución y mantenimiento del grupo

Su objetivo es alterar o mantener la forma de trabajo del grupo, fortalecer, regular y perpetuar el grupo en tanto es grupo. Una contribución dada puede involucrar varios roles y un miembro o líder puede desempeñar roles diversos en contribuciones sucesivas.

a) *El estimulador.* Elogia, está de acuerdo y acepta la contribución de los otros. Expresa comprensión y aceptación de otros puntos de vista.

b) *El conciliador.* Intenta conciliar desacuerdos; mitiga la tensión en situaciones de conflicto.

c) *El transigente.* Opera desde dentro de un conflicto en el que su idea u oposición está involucrada.

d) *El guardagujas.* Intenta mantener abiertos los canales de comunicación, estimulando o facilitando la participación de otros.

e) El legislador o yo ideal. Expresa normas e intenta aplicarlas en el funcionamiento, o en la evaluación de la calidad del proceso del grupo.

f) El observador de grupo y comentarista. Lleva registros de diferentes aspectos del grupo.

g) El seguidor. Sigue el movimiento del grupo en forma más o menos pasiva, aceptando el lugar de audiencia en la discusión y la decisión del grupo.

Roles individuales

Su propósito es algún objetivo individual que no es relevante ni a la tarea del grupo ni al funcionamiento del grupo como tal.

a) El agresor. Puede operar de muchas maneras, disminuyendo el estatus, atacando al grupo, burlándose agresivamente, etc.

b) El obstructor. Tiende a ser negativo y tercamente resistente.

c) Buscador de reconocimiento. Trabaja de diferentes maneras, ya sea vanagloriándose o exhibiéndose para llamar la atención.

d) El confesante. Usa la oportunidad que proporciona el ambiente de grupo para expresar sus sentimientos e ideologías, sin interés para el grupo.

e) Mundano. Hace alarde de su falta de compromiso en los progresos del grupo, en forma de cinismo e indiferencia.

f) Dominador. Trata de hacer sentir su autoridad o superioridad, manipulando al grupo o a algunos de sus miembros.

g) Buscador de ayuda. Intenta despertar respuestas de simpatía de otros miembros o de todo el grupo, ya sea a través de expresiones de inseguridad, confusión personal o desprecio de sí mismo, sin poseer una razón para ello.

h) Defensor de intereses especiales. Generalmente oculta sus propios prejuicios en el estereotipo que llena mejor su necesidad personal.

Existen otros tipos de roles cuyas definiciones ofrecen diversos autores, los cuales complementan los anteriores:

—*El francotirador.* Es el miembro del grupo que está tratando de buscar el error de otro miembro del grupo, para satisfacer una necesidad propia.

—*El miembro silencioso.* Es aquel que permanece callado la mayor parte del tiempo.

—*El monopolizador.* Suele ser una persona con gran necesidad de categoría y con frecuencia es básicamente insegura a pesar de su actitud exterior.

Roles de tipo psicodramático

Dentro de los grupos de tipo *psicodramático* los roles merecen una especial atención:

En el psicodrama, los roles del terapeuta, el observador y el yo auxiliar deben excluirse, pues ellos poseen una función institucional dentro del grupo; constituyen los "mojoneros reales, en el interior de los cuales, el grupo imaginario se forma, se define y la dramatización se despliega".

El yo auxiliar actúa como revelador pero no se revela a sí mismo y no es afectado personalmente.

El terapeuta no es un líder, no tiene carácter distintivo, es neutro, no responde; la función de este, está fuera del grupo, mientras que el rol define la relación de un individuo en un grupo. La función se define entonces por oposición al rol.

Los roles son intersubjetivos y constituyen el elemento que constituye al grupo.

Los roles son de tres tipos:

1) Los roles de la presentación de roles o role-playing:

Son los roles imaginarios, o roles reales, cuando el *role-playing* se usa en una institución o *in situ*.

2) Los roles clave del grupo:

    a) El líder. Que no se debe confundir con el terapeuta.
    b) El voyeur. Que no se debe confundir con el observador.
    c) El San Bernardo. Que no se debe confundir con el yo auxiliar.
    d) La vedette y el excluido.
    e) El chivo emisario.
    f) El opositor y el saboteador.
    g) El doble y el tercero excluido.

El *role-playing* (según Moreno), consiste en solicitar a un miembro que represente diferentes roles, con diversos compañeros: se invierten los roles, luego se analizan los resultados. Esta representación permite derribar las defensas más superficiales y conviene usarla en el transcurso del primer estadio de la vida de un grupo, ya que gracias a esta representación de cualquier tipo de rol en el grupo, se produce una primera liberación.

Los roles clave, son los roles relativamente fijos, que se manifiestan con bastante regularidad en los grupos, en los que cada uno se introduce, tanto por necesidad interior como por la acción que los otros miembros ejercen sobre él.

El rol de líder es permanente y se define por una vocación particular de la persona que lo asume y una necesidad del grupo.

Freud dice: "La fantasía de la existencia del grupo se basa en el hecho de que la regresión determina en el individuo una pérdida de su individualidad" ("Psicología de las masas y análisis del yo.")

El líder trata de identificarse con el terapeuta, pero mientras el terapeuta lo rechaza, este intenta desempeñar su rol en relación con los otros miembros; adopta la pose del que sabe, del que interpreta, del que encuentra soluciones. Muy pronto desempeña ese rol contra el terapeuta y trata de obtener unanimidad contra él; busca seducir. Aparece una rivalidad y el grupo reacciona rápidamente; surge así el periodo de agresividad del grupo, que se desintegraría de no ser por la acción de un elemento contrapuesto, su meta común: la cura. Entonces, el grupo sabe que el líder también ha acudido a curarse y no puede mantenerse tanto tiempo en un rol de superioridad excéntrica.

Después del periodo de pánico, el grupo busca un chivo emisario que pagará por otros. El chivo emisario es alguien designado por su propia vocación para ello, porque la vida lo predispuso o porque su debilidad lo obliga momentáneamente. Es alguien que no intimida y que no toma venganza. Este rol es importante en la vida del grupo y, si nadie lo puede asumir, el grupo puede terminar.

Al observador voyeur no lo soportan los demás, la persona es atacada pero no responde, los ataques no aciertan en su objetivo y se anulan por sí solos. El observador no acude con fines personales y no tiene por qué renunciar a su función. El voyeur participa en forma desagradable para el grupo y se le ataca. En este momento, aparece… el San Bernardo, que ayuda a todas las personas a las que se ataca. Se trata de alguien que busca mucha ayuda para sí mismo. Bajo la forma de paternalismo hay una posibilidad de continuar ejerciendo cierto poder.

El rol de vedette, en algunos casos, es derribado de su pedestal y se hace excluir, mientras que, en otros, el excluido prefiere excluirse en lugar de desempeñar un rol de vedette. Estos dos roles se contraponen, pero están vinculados. La vedette no tiene nada que dar; este rol es frustrante.

El excluido es el que no logra presentar un rostro, el que no existe en el grupo y, el San Bernardo acude en su ayuda.

El doble es el que no puede participar en nombre propio, que solo puede hacerlo como doble, es el tercero excluido, excluido de la pareja aunque no del grupo.

El opositor y el saboteador no son idénticos. El saboteador es el que, al ser excluido, trata de destruir al grupo; su impotencia se traduce en una rabia destructiva.

El opositor manifiesta su imposibilidad de pertenecer al grupo y el deseo de que se le admita se basa en un deseo excesivo y su oposición es una demanda de amor.

En el caso del delirante, se trata de un rasgo psíquico o de una simple actitud.

Clasificación de los grupos

Los grupos pueden ser clasificados con una gran variedad de criterios. Sin embargo, ninguna clasificación es totalmente satisfactoria, pues el material es completo y heterogéneo. En este capítulo, solamente serán mencionadas algunas de las clasificaciones realizadas, por ser las más convenientes para el propósito de este libro:

Clasificación de los grupos según Bernard

1. Grupos de contacto directo. Primarios

   A) racionales
- a) genéticos
- b) clubes y asociaciones con fines fijados
- c) asamblea deliberante
- d) discusión
- e) clase para instrucción
- f) auditorio

   B) no racionales
- a) semiclubes
- b) reuniones y manifestaciones
- c) multitudes y motín

2. Grupos de contacto indirecto. Secundarios

Bernard divide los grupos en *primarios* y en *derivados o secundarios.* Un grupo primario es una organización de relaciones personales directas, en la cual se selecciona la personalidad o la conducta de los individuos desde los primeros años, mientras que un grupo derivado es una organización de relaciones directas o indirectas de los individuos y abarca todas las formas de agrupación elaboradas a partir de los grupos primarios.

En la sociedad primitiva, donde los hombres vivían en pequeños grupos y no había especialización en el trabajo, los grupos más importantes fueron los *primarios,* como la familia, la vecindad y el grupo de juego. Pero, al aumentar la población, el desarrollo de la ciencia y la tecnología, fue necesaria la especialización y la división del trabajo y así surgieron, poco a poco, los grupos *derivados.* Por ejemplo, la educación impartida en un principio en la familia ya no era suficiente y, por lo tanto, se requirió la escuela y la universidad, que constituyeron un grupo derivado.

En los grupos primarios, el contacto entre los miembros es directo, cara a cara y existe una relación emocional entre ellos; en cambio, en los grupos derivados, el contacto es indirecto y la comunicación se realiza por medio de símbolos almacenados que requieren, para su transmisión, medios intermediarios, como por ejemplo libros y periódicos. La comunicación en ellos, por consiguiente, es predominantemente intelectual y abstracta.

Existe un continuo desde los grupos totalmente primarios hasta los totalmente derivados. Un grupo puede ser más derivado o primario en ciertos aspectos y menos en otros. Bernard propone el siguiente orden, partiendo de un carácter primario a uno más secundario:

Grupo familiar
Grupo de juego
Vecindad
Escuela dominical
Escuela local
Pandillas
Clubes de muchachos y muchachas
Clubes, sociedades, etc., de las distintas iglesias
Sociedades literarias
Congregaciones o grupos eclesiásticos locales
Asociación de alumnos de la escuela secundaria
Casinos de la localidad
Clubes atléticos locales
YMCA e YWCA
Mercados locales
Grupos de trabajo locales

Grupos políticos locales
Sindicatos locales
Grupos y asociaciones económicas locales
Sociedades cooperativas locales
Grupos profesionales locales
Sociedades benéficas locales
Sociedades artísticas locales
Sociedades o clubes científicos o culturales locales
Sociedades de debates
Logias locales
Comunidad
Sociedades cooperativas locales filiales de las de distrito
Sociedades protectoras locales
Condado o provincia
Organizaciones del condado o provincia
Sociedades cooperativas del distrito
Grupos políticos del distrito (para el parlamento, para lo judicial, etc.)
Estado
Organizaciones estatales
Público de lectores de periódico
Público de radioescuchas
Público de aficionados al cine
Público de lectores de novelas
Denominaciones religiosas
Asociaciones educativas
Órdenes o logias nacionales
Partidos políticos
Grupos científicos o culturales nacionales
Mercados nacionales
Grupos industriales nacionales
Grupos nacionales obreros
Organizaciones cooperativas nacionales
Grupos nacionales de artistas
Públicos de lectores de los diarios nacionales
Clases sociales
Grupos según los sexos
Grupos de salud
Mercados internacionales

Grupos políticos internacionales
Grupos culturales internacionales
Grupos industriales internacionales
Grandes religiones
Nacionalidades
Razas
El mundo como un todo

Tomando en consideración la distinción entre contactos personales inmediatos o directos y contactos mediatos o indirectos, Bemard clasifica los grupos en *grupos de contacto directo* y *grupos de contacto indirecto*.

Los grupos de contacto directo comprenden los grupos primarios, que organizan o integran la conducta o el carácter, como la familia, el grupo de juego y la vecindad; *los grupos de contacto indirecto* son menos formativos del carácter y más administrativos, como por ejemplo, las asambleas deliberantes, que funcionan sobre todo para el control de la conducta ya integrada.

Los grupos de contacto directo se pueden clasificar en dos: los de *contacto directo racionales* y los de *contacto directo no racionales*.

Grupos de contacto directo racionales:
a) *Grupos genéticos.* Son los más permanentes, los miembros cambian, pero los grupos continúan situados en los mismos sitios y realizan, en lo esencial, las mismas funciones durante muchas generaciones. No siempre son racionales pero tienden a aproximarse a ello con el aumento de la cultura, por ejemplo, la familia, la vecindad y los grupos de juego.
b) *Clubes y asociaciones con fines fijados previamente.* Son los más permanentes de los grupos no primarios de relaciones directas, con frecuencia son racionales y de carácter voluntario. Muchas asociaciones se amplían con facilidad pasando a la categoría de los grupos de contacto indirecto, como por ejemplo una industria.
c) *Asambleas deliberantes.* El grado más alto de racionalidad se encuentra en estos grupos, en donde todos deliberan y cambian opiniones acerca de un problema común, de importancia para todos, por ejemplo un problema político, científico, económico, legal.
d) *Grupos de discusión.* Es una asamblea deliberante modificada, que se diferencia de la forma ordinaria en el aspecto de que, generalmente, no trata de dirigir la conducta colectiva fuera del grupo. Su función principal es discutir.

e) *Clases para instrucción.* Se diferencian de los grupos de discusión en que el propósito fundamental es la enseñanza, aunque la discusión también se puede dar.

f) *Auditorio.* Generalmente no toma parte en las discusiones sino se limita a atender al conferenciante o a quien actúa. Estos grupos de contacto directo se ampliaron recientemente a grupos de contacto indirecto, debido a los medios masivos de comunicación como la radio y el periódico.

Grupos de contacto directo no racionales: se diferencian de los racionales porque son menos permanentes y se organizan por sugestión o sobre una base no racional o irracional.

a) *Semiclubes.* Se parecen más al club pero no tienen la permanencia y precisión que tiene el club, cambian frecuentemente de miembros. Es común que no todos se reúnan en el mismo lugar, al mismo tiempo. En general, se organizan alrededor de algunas personalidades notables y sus intereses se encuentran centrados en el ritual de las relaciones sociales corteses, las diversiones, la moda, las comidas y otras actividades análogas.

b) *Reuniones y manifestaciones.* La conducta de estos grupos es menos intelectual y abstracta que la conducta de un auditorio. Si existe discusión, el elemento intelectual es reducido; lo principal es la sugestión y la comunicación de actitudes emotivas. Estos grupos están formados por dirigentes políticos, con el fin de que proporcionen apoyo a intereses y creencias políticas, religiones, etcétera.

c) *Multitudes y motín.* Lo que integra a la multitud, generalmente, es una emoción intensa o un impulso de curiosidad. En el motín domina, sobre todo, la emoción, que hace que los miembros pierdan la inhibición racional. Las reuniones y manifestaciones son también multitudes, pero están cuidadosamente controladas y lo normal es que no se les permita convertirse en motín. Este último se caracteriza por el sentido moral débil o parcial, la insinceridad, la inconstancia, la falta de inteligencia y la credulidad. Estos factores también están presentes en las multitudes pero en un grado menor.

La mayor parte de los grupos modernos son *mixtos,* comprenden tanto contactos directos como indirectos. Los grupos derivados se extienden desde los límites de los grupos de relaciones inmediatas hasta entrar en el campo de los grupos de contacto indirecto. *Los grupos de contacto indirecto* comprenden al público y a las asociaciones, sin embargo se pueden producir, ocasionalmente, contactos directos cuando los representantes de los públicos y de las asociaciones, se reúnen para discutir y tomar decisiones, formando asambleas deliberantes.

Sprott clasifica a los grupos en *primarios y secundarios.* Un grupo primario es relativamente pequeño, sus miembros tienen contactos cara cara, existe identificación mutua entre sus miembros, conciencia de la presencia de los otros miembros, lazos afectivos de unión y esto se expresa en el "nosotros". En los grupos secundarios, los miembros están relacionados indirectamente y, aunque consideran que pertenecen al grupo, no conocen a todos los demás miembros y se mantienen unidos por medios simbólicos, el mismo lenguaje y mediante la unidad administrativa.

Olmsted define a estos dos tipos de grupos de la siguiente manera: en el *grupo primario* hay una unión emocional, cálida, íntima y personal entre los miembros, la solidaridad está basada en los sentimientos y no en el cálculo, el contacto es directo y la conducta está orientada hacia fines mutuos o comunes, aunque no sean explícitos. En el grupo secundario, las relaciones entre los miembros son frías, impersonales, racionales, contractuales y formales. El grupo no es un fin en sí mismo, sino un medio para otros fines. Los *secundarios* son muy numerosos y los miembros tienen, entre ellos, solo contactos intermitentes y a menudo indirectos, a través de medios gráficos más bien que de medios orales.

Sprott distingue tres tipos de *grupos pequeños o primarios:*

a) *Aquellos que se refieren a muchos intereses y actividades.* Las relaciones entre los miembros son generales, en el sentido de que no se refieren a ningún aspecto específico de la vida, como la familia, el poblado y el vecindario.

b) *Aquellos que solo se dedican a un interés o tipo de actividad, pero que tienen cierta permanencia.* Nacen de la necesidad de formar grupos especiales para satisfacer necesidades sociales particulares, por ejemplo, el club que tiene la finalidad de la recreación.

c) *Grupos cara a cara en una situación particular.* Son artificiales, se forman con propósitos experimentales especiales y se desintegran después de lograda la meta, por lo tanto, no tienen tanta permanencia como los dos anteriores; por ejemplo, comités, grupos para la solución de problemas en el laboratorio, grupos de discusión.

Clasificación de los grupos según Sprott

A) Según su interés	B) Según su función

Primarios

a) Aquellos que se refieren a muchos intereses y actividades.

b) Aquellos que solo se dedican a un solo interés o actividad, con cierta permanencia.

c) Cara a cara, en situación particular.

a) Naturales (familia, vecindad, poblado)

b) Artificiales (laboratorio)

Secundarios

    a) muchedumbre

1. actuante
2. expresiva

    b) público

1. búsqueda de información
2. de entrenamiento
3. de conversión

También divide a los primarios en *naturales,* como por ejemplo los poblados donde se nace y se vive, y en *artificiales,* que se forman deliberadamente con un propósito específico, como un grupo de discusión.

En los grupos *secundarios,* Sprott incluye a las *muchedumbres* y *al público.*

a) La muchedumbre según Merrill, es una colección de individuos, relacionados cara-a-cara entre los cuales se estableció *rapport,* lo que implica que cada miembro del grupo reaccione inmediata y espontáneamente a los sentimientos y actitudes de todos los demás miembros y esto determina el aumento de la emocionabilidad, la disminución del sentido de la responsabilidad y de los poderes de crítica, así como el relajamiento de los controles normales.

Merrill distingue entre dos formas de muchedumbre:

1. *Muchedumbre actuante.* En la cual, la conducta se dirige hacia un objeto externo, que es convertido en el foco de la agresión o del afecto.
2. *Muchedumbre expresiva.* En la cual, la actividad se dirige hacia los mismos miembros, con la finalidad de liberarlos de las tensiones, inseguridades o frustraciones.

b) Merrill define al *público* diciendo que en él predomina lo intelectual sobre lo emocional, y esto lo distingue de la muchedumbre que es movida, básicamente, por las emociones. Los miembros, generalmente, no se reúnen en un mismo lugar al mismo tiempo y no conocen a todos los otros miembros; su interés principal es la discusión y no la acción, aunque esta también se puede dar. El público consiste en todas aquellas personas que tienen un interés común, que piensan, hablan y discuten acerca de él, para lograr cierto consenso. La comunicación se logra a través de los medios masivos de comunicación.

Los públicos se pueden clasificar según el motivo de reunión de la siguiente manera;
    1) búsqueda de información
    2) de entretenimiento
    3) de conversión

Gurvitch distingue tres formas de sociabilidad, que se dan en cada grupo real, pero en proporciones distintas:
    a) la masa
    b) la comunidad
    e) la comunión

    a) La masa es una forma elemental de sociabilidad, es una cierta "manera de estar juntos", en donde los miembros no tienen una clara conciencia de su personalidad, y en caso de tenerla, se consideran recíprocamente como números o como unidades del conjunto y no como personas.

Gurvitch hace una distinción entre masa y multitud, pues para él, esta última es la forma más inestable de grupo, pero capaz de unirse momentáneamente hasta la comunión.
    b) En la comunidad se experimentan sentimientos colectivos, se comparten los mismos intereses y deseos y, lo más importante, se asume conscientemente un mismo esfuerzo y un mismo ideal. Los sujetos tienen conciencia de *sí* mismos y del prójimo, han superado, por lo menos parcialmente, el egoísmo individual y esto se expresa en el "nosotros".
    c) La comunión se refiere al intercambio interpersonal (amistad, amor) donde el yo y el tú se confunden en una unidad.

La masa es la manifestación más superficial del "nosotros" y la comunión, la forma más profunda.

Cartwright y Zander clasifican a los grupos de acuerdo con ciertas propiedades, tales como tamaño, grado de interacción física entre los miembros, grado de intimidad, nivel de solidaridad, lugar donde se controlan las actividades del grupo, grado de formalización de las reglas que gobiernan las relaciones entre los miembros, tendencia de los miembros a reaccionar entre sí como personas individuales o como ocupantes de roles o funciones.

De estas propiedades han resultado dicotomías para la clasificación de los grupos:

Formal-informal, primario-secundario, pequeño-grande, autónomo-dependiente, temporal-permanente, consensual-simbiótico.

Los grupos, según estos autores, también se pueden clasificar de acuerdo con sus objetivos o ambientes sociales, en:

A) Grupos de formación deliberada

a) de trabajo
b) para resolver problemas
c) de acción social
d) de mediador
e) legislativos
f) de clientes

B) Grupos de formación externa
C) Grupos de formación espontánea

A) La condición fundamental para crear *deliberadamente* un grupo es la de que una o varias personas juzguen que la reunión de ciertos individuos puede lograr algún propósito que no es posible de otra manera. Como ejemplo se pueden citar:

a) *Grupos de trabajo.* Que se forman al elegir y coordinar la conducta y los recursos de un conjunto de individuos, con el fin de ejecutar alguna tarea, en forma eficaz.

b) *Grupos para resolver problemas.* La base racional para formar esos grupos, es creer que al trabajar unidos en el problema se logrará llegar a una solución con mayor rapidez y eficiencia. Sin embargo, se ha visto que, en la vida diaria, estos grupos se forman porque el procedimiento es rutinario o porque ningún individuo desea asumir la responsabilidad.

c) *Grupos de acción social.* Estos grupos se crean con el deseo de influir sobre el curso de los acontecimientos sociales, conjuntamente con la idea de que se puede tener una mayor influencia si se trabaja en grupo.

d) *Grupos mediadores.* Su propósito es el de coordinar las actividades de otros grupos, distribuir recursos entre ellos o reconciliar intereses antagónicos.

e) *Grupos legislativos.* Su propósito es formular legislaciones. Por ejemplo: junta directiva, juntas gubernamentales legislativas, etcétera.

f) *Grupos de clientes.* Son los grupos que poseen el propósito de "mejorar" de alguna forma a sus miembros. Se pueden citar como ejemplos los de ayuda contra el alcoholismo, la adicción a las drogas, la obesidad.

B) *Grupo de formación externo.* Algunos grupos se forman porque son tratados por otros de un modo homogéneo y no por el deseo de lograr un objetivo o por las necesidades de quienes se hacen miembros. Ejemplos: viejos, inválidos, pobres, artistas, etcétera.

C) *Grupos de formación espontánea.* Se les denomina así a los grupos que surgen porque la gente espera obtener satisfacciones al asociarse a ellos y no porque alguien los establezca deliberadamente para lograr un objetivo. Su formación se basa en elecciones interpersonales voluntarias y en procesos de consentimiento mutuo que determinan la composición del grupo (todo miembro desea una relación y todo miembro es aceptado o, al menos, no se le rechaza).

Por lo general, estos grupos son informales, con límites cambiantes y pocas metas o tareas explícitas; pero pueden desarrollar una estructura estable, aceptar ciertas tareas e, incluso, adquirir un estatus legal reconocido. Su formación espontánea implica que los individuos tienen suficiente contacto entre sí para conocerse y, así, desarrollar atracciones interpersonales.

Sneider y Newcomb han afirmado que una persona tenderá a sentirse atraída por otra, si cree que las actitudes y los valores de la otra son similares a los propios. Sin embargo, esta atracción será más fuerte cuanto más importantes sean, para la persona, las actitudes y los valores.

Mac Iver y Page consideran que los grupos se pueden clasificar desde diversos puntos de vista:
—su tamaño
—la interacción del grupo
—los intereses del grupo

—su organización

—o cualquier combinación de estos elementos

Ellos proporcionan la siguiente lista de los principales tipos de grupos existentes en la estructura social;

Agrupaciones u organizaciones
I. Categoría principal: Unidades territoriales precisas; tipo genérico; la comunidad. Tipos específicos: La tribu, la nación, la región, la ciudad, el pueblo, la vecindad.
II. Cotegoría principal: Unidades basadas en la conciencia de un interés y sin una organización definida.
a) Tipo genérico: La clase social.
Tipos específicos: La casta, la élite, la clase en competencia y la clase corporativa.
b) Tipo genérico: Grupo étnico y racial.
Tipos específicos: Grupos de color, grupos de inmigrantes, grupos nacionales.
c) Tipo genérico: La masa.
Tipos específicos: Masa con un interés común; masa con un interés semejante.

III. Categoría principal. Unidades basadas en la conciencia de un interés y con una organización definida: las asociaciones.
a) Tipo genérico: El grupo primario.

Bases de agrupación
I. Criterios principales;
1. Esfera de intereses más inclusiva.
2. Ocupación de determinado territorio.

II. Criterios principales:
1. Actitudes semejantes de los miembros del grupo.
2. Organización social definida.
Criterios adicionales para los tipos específicos:
1. Aptitud para trasladarse de un grupo a otro.
2. Diferencias de estatus, prestigio, oportunidades y rango económico.
Criterios adicionales para los tipos específicas: Origen del grupo, estirpe, tiempo de residencia, características físicas.
Criterios adicionales para los tipos específicos:
1. Interés transitorio (común o semejante).
2. Agrupación momentánea.
III. Criterios principales:
1. Esfera de intereses limitada.
2. Organización social definida.
Criterios adicionales para los tipos específicos:
1. Número de miembros limitado.

Tipos específicos: La familia, el equipo o compañía, la claque, el club.

b) *Tipo* genérico: La gran asociación. Tipos específicos: El Estado, la Iglesia, la corporación económica, la unión laboral etc.

3. Grado de reconocimiento formal.
4. Tipo de interés que se persigue.
Criterios adicionales para los tipos específicos:
1. Número de miembros relativamente ilimitado.
2. Organización social formal.
3. Predominio de las relaciones impersonales.
4. Tipo de interés que se persigue.

2. Contacto personal entre sí.
Lindgren (1962), cita los siguientes grupos:
a) primarios y secundarios
b) formales e informales
c) exclusivos e inclusivos
d) propios y ajenos
e) cooperativos y competitivos

a) *Primarios:* Son en los que las relaciones interpersonales se llevan a cabo directamente y con gran frecuencia.
Secundarios: En ellos, las relaciones tienen un carácter más impersonal, más abstracto y con más distancia social y geográfica.
b) *Formales:* Son grupos que requieren una estructura bastante compleja para mantenerse y alcanzar sus objetivos. (Grupos secundarios.) *Informales:* Son grupos de estructura simple pues una estructura compleja obstaculiza su desarrollo y su funcionamiento. (Grupos primarios.)
c) *Exclusivos:* Solo admiten cierta clase de individuos. (Asociaciones de ingenieros, asociación de vecinos que impiden que viva en el barrio gente con diferencias étnicas, etc.)
Inclusivos: Son grupos que abren sus puertas a todo el mundo e incluso llegan a solicitar adhesiones. (Partidos políticos y clubes.)
d) *Propios: (In-groups).* Son grupos que tienen un profundo sentido de mutua identificación, hasta tal punto que sus miembros se sienten aislados y fuera de lugar cuando no se encuentran en el contexto del grupo. La participación en estos grupos suele despertar en los miembros sentimientos de lealtad, simpatía, devoción. (Países con sentido marcado de nacionalidad.)

Ajenos: (out-groups). Son los grupos que no son aceptados por los grupos propios, siendo separados por un aumento en la distancia social.

e) *Cooperativos:* Son grupos cuyos miembros trabajan conjuntamente para alcanzar metas mutuamente aceptadas.

Competitivos: Grupos en donde los individuos procuran obtener una mayor parte de las recompensas, al alcance de los miembros del grupo.

Lindgren también cita los grupos T y los grupos de reunión.

Grupos T: (*training*, adiestramiento o instrucción). Son grupos de 10 a 16 miembros, con uno o dos instructores, que se reúnen durante dos o tres semanas diariamente. No tienen tema o estructura. Sus fines son ayudar a los miembros o percatarse del efecto que su conducta tiene en los demás, y viceversa.

Grupos de reunión: Fomentan mayor grado de comprensión de los miembros, de autointegración y de "autenticidad".

Los grupos, también se pueden clasificar según su *campo de aplicación:* A) educacional, B) clínico, C) laboral, y D) social.

A) grupos escolares:

Son grupos artificiales dentro del área educativa. Bang y Johnson, en su libro *La dinámica de grupo en la educación,* explican que los grupos escolares pueden clasificarse dentro de los grupos primarios, ya que los miembros se hallan juntos durante largo tiempo, cara a cara y en íntimas relaciones.

El grupo escolar puede ser considerado también como grupo de trabajo porque se ha formado para lograr metas definidas. Un grupo de clase difiere de otros grupos de trabajo solo en tres aspectos importantes: su finalidad es enteramente diferente a la mayoría de los grupos de trabajo, las tareas necesarias para que el grupo logre sus metas son distintivas y la composición de sus miembros no se asemeja a la composición de la mayoría de los grupos de trabajo.

Asimismo, los autores citan los grupos centrados en el niño y los grupos orientados hacia los grupos:

a) *Grupos centrados en el niño:* Se reconoce la importancia del grupo, pero se exalta el desarrollo individual y los medios por los que puede ayudarse al individuo a relacionarse, de modo positivo, con el grupo.

b) *Grupos orientados hacia los grupos:* Su meta principal es la formación de ciudadanos democráticos, que no solo pueden participar de modo efectivo en los actos de la colectividad, sino también, iniciar acciones colectivas necesarias para la perpetuación de la sociedad democrática.

B) grupos psicoterapéuticos:

Son grupos primarios, artificiales, que se de envuelven del campo clínico.
Kadis y Krasner, citan los siguientes tipos de grupos psicoterapéuticos:
Cerrados y abiertos.
Homogéneos, heterogéneos y mixtos.
De guía y de consejo.
De admisión y específicos.

Grupos cerrados. Son subdivididos en tres clases de grupos:
a) *De afiliación constante:* no se permite a los miembros abandonar el grupo a voluntad, sino que se espera que satisfagan las necesidades del grupo durante cierto tiempo. El periodo de tiempo se estipula al comienzo y puede durar desde pocos meses hasta dos años.
b) *De prototipo familiar:* los miembros abandonan el grupo uno por uno cuando están listos, separándose de él como si fueran sus familias nucleares. El grupo desaparece cuando todos sus miembros lo han abandonado. En algunos casos, se coloca al último o los últimos miembros en otro grupo, o se les trata de otra forma.
c) *Ocasionalmente reabiertos:* En ellos se pueden añadir o transferir miembros de acuerdo a las necesidades. Se considera que estos tres tipos de grupos cerrados son particularmente eficaces en el tratamiento de grupos homogéneos.

Grupos abiertos. Teóricamente, tales grupos pueden perpetuarse indefinidamente, ya que aquellos miembros que completan el tratamiento y dejan el grupo, son reemplazados. Se pueden hacer cambios que faciliten el movimiento terapéutico, recibiendo nuevos miembros o transfiriendo a otros.
Homogéneos, heterogéneos y *mixtos.* Para hacer esta clasificación, Kadis y Krasner, toman en cuenta, los marbetes diagnósticos.
Homogéneos: formados por gentes diagnosticadas de la misma forma.
Heterogéneos: formado por personas de personalidades contrastantes, patologías o problemas diferentes.
Mixtos: constituidos por neuróticos y psicóticos.
Grupos de guía. Se centran en el problema común y su meta es hacer que el individuo funcione mejor en su situación vital. El grupo estimula la

discusión e incrementa la fuerza del yo del paciente, mediante la aceptación de los otros miembros o la identificación de los problemas. Por ejemplo: estudiantes con alto IQ, pero con bajo rendimiento escolar.

Grupos de consejo. Los problemas y sentimientos se discuten libremente, pero las discusiones se orientan más hacia las personas significativas fuera del grupo que hacia los mismos miembros. Ejemplo: grupo de padres con hijos con limitaciones físicas.

Grupos de admisión. Son también llamados de recepción, de diagnóstico, de sostén o de orientación. Proporcionan a los pacientes, en espera de tratamiento psicoterapéutico, una experiencia preliminar de grupos y constituyen un medio para evaluar las necesidades del paciente y para mantener contacto con él hasta que se le transfiera a otro lugar.

Grupos específicos. Son los grupos que satisfacen las necesidades de sus integrantes.

Foulkes da otra clasificación de grupos psicoterapéuticos:

Grupos con un cometido:

Con cometido importante en sí. El grupo es tratado por el grupo mismo. El funcionamiento del grupo es la verdadera meta. Es considerado en la clasificación porque está relacionado con los aspectos saludables de pertenecer a un grupo en la vida ordinaria. Por ejemplo: un equipo de deporte.

No considerando la labor importante. El individuo es el que cuenta. El prototipo de este grupo es de análisis de grupo. Su existencia es tan solo un instrumento terapéutico.

Grupos puramente terapéuticos: Grupos en los que el terapeuta debe cuidar de no utilizar al grupo para sus fines y debe corregir sus propias valoraciones a la luz de las del grupo.

C) grupos en el área laboral:

Son grupos primarios o derivados, artificiales, dentro del área laboral.

Amitai Etzioni, divide estas *organizaciones,* de acuerdo al relativo énfasis puesto en el patrón de relaciones jefe-empleado predominante:

1. Coercitivas
2. Utilitarias
3. Normativas
4. Duales

1. *Coercitivas.* Son organizaciones en las cuales la coerción es el medio de control más grande sobre los participantes y una gran desunión caracteriza la orientación de los empleados de menor categoría de la organización. La fuerza es utilizada para lograr mayor rendimiento y para mantener a la gente disciplinada, ya sea mediante un uso potencial o actual de la misma.

   Dentro de esta categoría se pueden mencionar: a los campos de concentración, las prisiones, las correccionales, los hospitales mentales, los campos de prisioneros de guerra y los centros de rehabilitación.

2. *Utilitarias.* La remuneración es el mejor medio de control sobre los participantes de menor categoría y el cálculo envuelto caracteriza la orientación de estos participantes. En esta categoría están incluidos: los grupos de obreros y profesionales en las industrias, las uniones de hombres de negocios y las organizaciones militares en tiempo de paz.

3. *Normativas.* El poder normativo es la mayor fuente de control sobre los participantes de menor categoría, cuya orientación hacia la organización se caracteriza por una alta involucración. El consentimiento descansa principalmente en la internalización de reglas aceptadas legítimamente. El liderazgo, los rituales, la manipulación y los símbolos de prestigio son algunas de las técnicas usadas para el control.

Como ejemplo de organizaciones normativas podemos mencionar las siguientes:

Organizaciones religiosas y políticas, hospitales generales, colegios y universidades, organizaciones y asociaciones de voluntarios, etc.

4. *Duales o dobles.* Estas se dividen en:

a) Estructura normativa–coercitiva (unidades de combate).

b) Estructura utilitaria–normativa (la mayoría de las uniones).

c) Estructura utilitaria–coercitiva (algunos barcos).

Mott (1965), considera las *industrias* como subunidades en la economía que contienen organizaciones relacionadas con la extracción, procesamiento o distribución de materiales del medio ambiente. Estas organizaciones productivas pueden ser clasificadas según su actividad en:

—*Industrias primarias.* Las envueltas en la extracción de los materiales en bruto. (Minería, granjas y cacería.)

—*Industrias secundarias.* Las que se ocupan del procesamiento de las materias primas. (Manufactura de hierro, de automóvil.)

—*Industrias terciarias.* Las involucradas en la distribución de bienes y servicios. (Ferrocarriles, agencias de relaciones públicas y universidades.)

Las grandes organizaciones productoras, con un alto grado de tecnología, tienen una elaborada división de la labor y un grado correspondiente de interdependencia entre cada rol. Las normas existen para especificar el contenido de cada rol. Así, se puede mantener una gran conexión de los roles especializados. Las normas, también gobiernan las interacciones entre los roles. Estas son las normas coordinativas que regulan quién actuará, cuándo, con quién y qué calidad de desempeño será. Estas organizaciones se caracterizan por la formalidad y la impersonalidad de la interacción entre las partes. Tienen muy delineada la relación de jerarquía autoritaria.

Maier da una clasificación de *los grupos en las empresas* según la cantidad de libertad permitida, el grado de eficiencia alcanzado y la forma en que los dirigentes obtienen sus puestos. Divide a los grupos en:

a) Autocrático. La responsabilidad reside en el dirigente, quien debe ejercer control y hacer uso de la fuerza.

b) Democrático. La responsabilidad reside en el grupo, que es disciplinado y eficiente, siendo esta condición la que conduce a la cooperación.

c) Anárquico. La responsabilidad se distribuye entre los individuos, como entidades separadas. Hay una falta de dirección y una política de no intervención que acaba fácilmente en el caos.

Lippit y White hicieron un experimento con estas clases de grupos y encontraron que en los grupos autocráticos se provocaban dos tipos de reacciones: una apática y la otra agresiva; en el grupo democrático, las relaciones entre los miembros era de carácter más amistoso y se orientaban hacia los intereses del grupo y, en el grupo anárquico, se notaba falta de incentivo para el trabajo.

Malcolm y Huida Knowles clasifican según la dirección, concordando con lo citado por Maier, pero agregan el hecho de que en experimentos efectuados por Lewin en la década de los treinta, se encontró que los grupos autoritarios produjeron mayor trabajo en menos tiempo pero hubo mayor hostilidad y competencia. En cambio los grupos democráticos fueron más lentos al empezar a producir, pero se hicieron cada vez más productivos y tuvieron mayor satisfacción personal y grupal. Los del grupo de tipo anárquico hicieron menor cantidad de trabajo y de menor calidad que los otros dos grupos.

Olmsted realizó una investigación en una compañía, a principio de los años treinta, con el fin de combatir la monotonía en el trabajo y encontrar los incentivos necesarios para este. De este experimento llegó a tres conclusiones

1. Las personas que se hallan en contacto continuo entre sí, tienden a desarrollár una organización social informal. Esta conducta constituye una combinación sutil de actividad manifiesta: lenguaje, gestos, sentimientos e ideas, que sirven para identificar a los miembros frente a los que no lo son.

2. El código de grupo es una característica importante de esta organización informal. Ese código de grupo o, por lo menos, sus partes fundamentales, no se hallan escritos, y los miembros del grupo pueden no tener conciencia de la forma en que incide en la estructuración de su comportamiento. Sin embargo no debe suponerse que su efectividad es automática o universal, o que dicho código opera sin conflicto con otras tendencias o presiones. Un código de un grupo primario prescribe la lealtad al grupo establecido: Sé uno de los nuestros. Todos los de afuera son extraños".

3. No todos se comportan de la misma manera dentro del grupo; por varias razones se traza una diferencia de roles; uno de los miembros se transforma en el payaso, otro en el trabajador ejemplar, algunos son líderes y otros, simplemente, adeptos; algunos gozan de gran prestigio, otros no tienen ninguno.

   d) Sociales: Este tipo de grupos quedan descritos en las clasificaciones de Sprott (véase *supra* p. 34).

SEGUNDA PARTE. TÉCNICAS Y TÁCTICAS GRUPALES

Al hablar de técnicas y tácticas grupales es necesario hacer una pequeña explicación en cuanto a lo que los autores deseamos decir al referirnos a ellas.

Cuando hablamos de técnica, y no de la teoría de la técnica, nos estamos refiriendo al conjunto de procedimientos que se utilizan para lograr con eficacia las metas grupales. Desde nuestro punto de vista y en común acuerdo con otros autores, la técnica es el diseño, el modelo congruente y unitario que se forma con base en diferentes modos, a partir de los cuales se pretende que un grupo funcione, sea productivo y alcance otras metas más. La constituyen diferentes y diversos movimientos concretos (tácticas) con una estructura lógica que le dan sentido.

Por ejemplo, cuando un grupo va a trabajar con la técnica de Philipss 66, para su realización se necesita desarrollar una serie de operaciones concretas como: el nombramiento de un conductor, de un registrador y la animación del grupo para discutir durante seis minutos de modo que se favorezca que todos participen, etc. En muchas ocasiones, una determinada técnica está insertada en un modelo de estrategia.

Cuando hablamos de táctica, nos estamos refiriendo a los movimientos específicos, a los modos que constituyen una técnica cuando un conjunto de ellas se organizan con consistencia interna. Las técnicas están constituidas por muy diferentes tácticas, que conducen a un grupo a su meta.

La técnica es la estructura y, en cambio, la táctica puede variar según el contexto interno y externo.

Dado que las reacciones de los participantes son múltiples —quedarse callados, agredir, llorar, reir, saludarse, etc.—, el conductor debe estar capacitado para manejar la táctica adecuada a cada una de las reacciones por lo que es necesario que las conozca todas.

La teoría de la técnica trata aquellos aspectos estratégicos de una corriente o escuela que estudia los grupos. Dicha estrategia está constituida por una serie de técnicas y la técnica engloba una serie de tácticas.

Así por ejemplo, la técnica del Philipss 66 está constituida por tácticas tales como nombrar un coordinador del grupo, nombrar un registrador, utilizar el reflejo, la confrontación, la contextualización, etcétera.

Técnicas grupales

A continuación se enumeran las técnicas más comunes y útiles para trabajar en grupos.

1. Actividades recreativas:

Las actividades recreativas son técnicas que no están orientadas hacia una meta específica y que ejercen su efecto de un modo indefinido e indirecto. Entre dichas actividades se pueden mencionar la música, los juegos, las atracciones, etc., donde los grupos pueden elegir actuar con sus objetivos principales puestos en el campo de la recreación.

Con las actividades recreativas es posible aumentar la creatividad del grupo. Siempre y cuando estas se elijan de acuerdo con los intereses y las capacidades de los participantes.

Este método ayuda a la integración de los individuos al grupo, y proporciona oportunidades para el reconocimiento, la respuesta y nuevas experiencias. A su vez, crea una atmósfera agradable, aumenta la participación, facilita la comunicación, fija algunas normas grupales y desarrolla la capacidad de conducción. La gran ventaja de este tipo de actividad es la disminución de tensiones. Se considera como un auxiliar para el proceso de grupos que tienen objetivos definidos y propósitos más serios.

Esta técnica puede utilizarse en grupos recién formados. Las actividades recreativas pueden ser el primer paso para las relaciones intragrupales, y aun en grupos no tan nuevos, esta técnica tiene la capacidad de crear sociabilidad.

Es recomendable su empleo antes del comienzo de cualquier reunión, para crear cierto interés en los participantes, quienes en ocasiones pueden sentirse extraños al grupo. Una pequeña actividad recreativa, conducida eficazmente por el conductor del grupo, sirve para "romper el hielo" y, en algunos casos, para disminuir la tensión.

Otro momento útil al cual se puede aplicar la recreación es para un cambio rápido de una parte o aspecto de la reunión a otro. También, cuando los sentimientos de lealtad y solidaridad del grupo se ven amenazados o no existen, casi cualquier juego es de gran valor.

La técnica de actividades recreativas debe tomar en cuenta que a pesar de lo atractivas que estas resultan, no hay que olvidar que se trata tan solo de medios para obtener determinados fines, por lo que no se debe abusar de ellas. Su uso requiere ciertas aptitudes y cuidados y debe ir de acuerdo a los intereses de todos los integrantes del grupo. Cualquier actividad elegida debe llevarse a cabo con habilidad y discreción, de lo contrario puede dañar seriamente a algunos de los miembros al atentar contra sus sentimientos y problemas más profundos.

Forma de realización:
  a) El grupo elige la actividad o juego de acuerdo con el número de participantes, tiempo establecido, lugar de reunión y estado de ánimo del grupo.
  b) Si alguno de los participantes desconoce la actividad, esta tiene que ser explicada por quien sí la conoce. La explicación debe ser corta y clara.
  c) Si la explicación no ha sido lo suficientemente comprendida, se improvisa un "juego de prueba".
  d) La actividad finaliza porque el tiempo destinado ha terminado o porque el juego ha sido concluido.

2. Asamblea:

Esta actividad puede cumplir muchas funciones en nuestras comunidades y vida pública, ya que, debidamente proyectada, es uno de los mejores medios para mantener a la gente informada y confirmar su compromiso respecto a las actividades de su comunidad o de sus organizaciones.

La asamblea se compone de un auditorio y una mesa directiva encargada de presentar el material a dicho auditorio, que a su vez lo recibe y se encarga de ponerlo en práctica de acuerdo con los objetivos de la reunión.

Otro grupo participante en las asambleas es el de los proyectistas, cuya función es considerar todos los aspectos de los problemas de la reunión antes de que la mesa directiva y el auditorio participen directamente.

Las disertaciones, los paneles, los debates y los simposios son métodos muy conocidos de dirigir las asambleas. Estas son técnicas eficaces por sí mismas, pero a menudo han sido objeto de un uso incorrecto.

La asamblea presenta algunas limitaciones que deben ser consideradas: Si los componentes del auditorio no se perciben a sí mismos como parte de un grupo y no se otorga a los miembros del auditorio una oportunidad de participar, se puede llevar a la sensación de que el conocimiento reside en la tribuna, y la ignorancia en el auditorio.

Para combatir estas limitaciones se han desarrollado otras técnicas que derivan directamente de la asamblea y son: los equipos de oyentes, los equipos de observación, los grupos de reunión en corrillos, las asambleas divididas en subgrupos, las tarjetas con preguntas y los equipos de reacción del auditorio.

Forma de realización:
- *a)* El grupo elige una mesa directiva formada por expertos que presenta al auditorio el material específico.
- *b)* Se elige a un moderador. El moderador no pertenece necesariamente a la mesa directiva.
- *c)* El auditorio recibe la información de una manera activa. Esto da lugar a diferentes tipos de discusiones, debates, paneles, etcétera. (Si el auditorio resulta demasiado numeroso conviene hacer una división en subgrupos.)
- *d)* Se obtienen conclusiones generales de los debates y discusiones.

3. Conferencia:

Una técnica común es aquella situación grupal en la que un expositor calificado pronuncia un discurso o conferencia ante un auditorio.

Se trata de una técnica extremadamente formal que permite la presentación de información completa y detallada sin interrupciones. Tiene la ventaja de ser un método rápido, donde el control puede ser rígido pues este está completamente en manos del expositor.

Para que la conferencia sea exitosa requiere un alto grado de competencia por parte del expositor y gran nivel de cooperación por parte del auditorio, de lo contrario se pueden manifestar verdades a medias, deformaciones de hechos, falta de control o disminución del espíritu crítico del auditorio.

Esta técnica se utiliza cuando la información debe presentarse proveniente de un experto, de una manera formal, rápida, continua y directa. La conferencia identifica problemas y es capaz de explorar sus soluciones, estimulando al grupo a leer y a analizar. En otras situaciones sirve para divertir y entretener al auditorio por medio de un expositor de muy buenas aptitudes o muy experimentado. El expositor a su vez, se vale de la conferencia para transmitir y compartir además sus experiencias con el resto del grupo.

A pesar de ser este un método conocido y útil, no es conveniente abusar de él, tomando en cuenta que la conferencia es inferior al simposio para traer a luz los puntos de vista divergentes sobre un tema, a los grupos de corrillos o de diálogos simultáneos para llevar a un grupo hacia un consenso o hacia una acción; a la mesa redonda para llegar a un acuerdo de diferencias de opinión dentro de un grupo; a la mesa redonda con interrogador con la obtención de respuestas a preguntas específicas que un grupo desea ver contestadas; a la entrevista para brindar a un grupo las experiencias más interesantes de un viajero u otra persona; a la dramatización para obtener que los integrantes del grupo vean los puntos de vista de otros en una situación controvertida.

La conferencia puede resultar engañosa ya que en muchos casos la exposición verbal puede ser interesante e informativa pero no estar relacionada con los intereses del grupo. Cuando los temas tratados son demasiado abstractos, se requiere habilidad por parte del expositor y del auditorio.

Esta técnica no se considera como óptima si se quiere aplicar como método didáctico ya que la mayor parte del auditorio responde pobremente ante la conferencia y es difícil medir de una manera objetiva los efectos de un discurso sobre el grupo.

Forma de realización:
   a) Se selecciona a la persona capacitada para exponer un tema ante el auditorio. Esta persona puede o no pertenecer al grupo.
   b) La exposición del tema debe ser clara y completa.
   c) El resto del auditorio permanece atento a la exposición.
   d) Al finalizar la conferencia, deben dedicarse unos minutos a un periodo de preguntas y respuestas. Esto debe hacerse bajo la coordinación de un moderador, quien puede ser el mismo conferencista o cualquier integrante del auditorio.

NOTA: Si no es posible dedicar un tiempo a preguntas y respuestas, las dudas y conclusiones deben resolverse posteriormente en algún otro tipo de reunión grupal.

4. Congresos:

Esta técnica nos sugiere una reumon con el propósito de impartir e inter-
cambiar información, tomar decisiones, resolver problemas, averiguar hechos, identificar situaciones, planear o inspirar algo.

Su característica principal es la fusión de experiencias y de opiniones
entre un grupo de personas calificadas en una determinada esfera, o entre
un grupo que busca analizar un problema, basándose en la información
proporcionada por conductores competentes.

Antes de llevar a cabo un congreso, es necesario planear un programa
sobre la base de los intereses, necesidades y problemas de los participantes
(no de los organizadores), ya que estos concurren a la conferencia, no solo
con el propósito de oír, sino con la idea de participar.

Un congreso debe formularse objetivos, métodos y responsabilidades,
los cuales deben ser expuestos en la primera sesión de trabajo.

Si el congreso es grande, es importante la formación de subgrupos
pequeños a fin de alentar la expresión de las ideas de todos los asistentes.

Durante el congreso debe dedicarse un espacio de tiempo para que los
participantes consideren el progreso realizado y hagan sugerencias para el
mejoramiento. La sesión final se emplea para que los participantes concre-
ten decisiones y compromisos que deben llevarse a cabo.

Forma de realización:
   a) Se elige a una comisión que se encarga de la organización y direc-
      ción del congreso.
   b) La función de la comisión consiste en seleccionar el tema, los pro-
      gramas, etc.
   c) Cada participante prepara su tema con anterioridad y lo expone an-
      te el auditorio.
   d) Para mejor aprovechamiento del tema, es aconsejable que después de
      cada conferencia, se lleven a cabo talleres de trabajo, mesas redondas,
      etc., donde la labor se realice en grupos pequeños y bajo la direc-
      ción de conductores.
   e) Una vez terminado el congreso, deben archivarse los trabajos expues-
      tos y los resultados obtenidos con el fin de elaborar una memoria.

5. Técnica demostrativa:

La demostración se utiliza con el fin de instruir, principalmente en lo relacionado a destrezas manuales. Esta técnica consiste en que el instructor

ejecuta y explica una operación frente a un grupo. Posteriormente cada participante debe ejecutar por sí solo la operación, bajo la supervisión del instructor.

Para realizar esta técnica es preciso contar con el equipo real de trabajo. El instructor puede ayudarse con el uso de hojas de trabajo, pizarrón, y en caso de no poder utilizar el equipo real, es necesario que disponga de una reproducción de él.

Esta técnica soluciona rápidamente deficiencias de capacitación dentro de la empresa, sin necesidad de recurrir a centros de adiestramiento, y las conductas aprendidas son aplicadas directa e inmediatamente al trabajo real.

Esta técnica permite un aprendizaje eficiente y completo puesto que el instructor puede verificar, paso a paso, los progresos o deficiencias de los participantes.

La demostración no puede ser aplicada en la enseñanza de habilidades intelectuales o de actitudes. Se debe tomar en cuenta que los equipos y herramientas no siempre están disponibles para el adiestramiento, ya que su función principal es la producción.

Forma de realización:

a) El instructor, con conocimiento absoluto del trabajo a realizar, debe explicar a los participantes en qué consiste la operación. Estos deberán colocarse frente al instructor de manera tal que alcancen a observar perfectamente tocios los movimientos.

b) Enseguida, el instructor muestra la operación. Él debe ejecutar y explicar simultáneamente cada paso realizado y efectuar todo a un ritmo normal.

c) Después, debe repetir la operación y señalar todos los detalles importantes, así como las medidas de seguridad que deben tomarse.

d) Es necesario que el instructor se cerciore de que todos han comprendido. Se sugiere que formule algunas preguntas a los participantes para asegurarse de la comprensión general.

e) Una vez que el instructor ha terminado, los sujetos deben realizar por sí solos la misma operación hasta dominarla perfectamente. El instructor debe permanecer en el lugar, brindando supervisión a los participantes.

f) Cuando el trabajo ha finalizado, el instructor procede a evaluar el trabajo en forma individual.

6. Diálogo:

El diálogo es conocido como la discusión de dos personas eruditas capaces de sostener una conversación equilibrada y expresiva, sobre un tema específico, ante un grupo.

El diálogo es informal y facilita el acceso a una comunicación directa. Permite que dos personas se apoyen mutuamente y compartan una responsabilidad, permitiendo la estimulación interpersonal. Ayuda a los expositores con pocas aptitudes a presentar sus ideas y, por lo general, crea interés entre los otros integrantes del grupo.

Es un método sencillo y fácil de planear, además permite la aclaración, la lógica, la validación y la comprobación, a medida que se desarrolla la discusión. El diálogo asigna a dos integrantes del grupo la responsabilidad de pensar y de obtener datos sobre los hechos antes de una reunión.

Esta técnica es útil en la presentación informal de hechos, como si fuera una conversación con opiniones o puntos de vista que permiten la creación del interés sobre un tema, o atraen la atención sobre otros problemas.

También se utiliza para explorar detalladamente diferentes puntos de vista o para obtener acuerdo sobre dos o más de ellos. Fomenta el pensamiento reflexivo y permite el establecimiento de un esquema para pensar, discutir y brindar hechos básicos previos a la discusión general del grupo.

Es importante recordar que el tema del diálogo debe ser de interés para el grupo y no olvidar el uso de un lenguaje que pueda ser entendido por todos. La discusión no debe desarrollarse rápidamente, tampoco deben pronunciarse discursos o leer el material obtenido. Es importante que ambos participantes compartan la responsabilidad para evitar darle a la situación un matiz de entrevista.

Los participantes del diálogo no deben olvidarse que forman parte de un grupo y constantemente deben mantenerse en comunicación con este.

Forma de realización:
   a) El grupo escoge a dos personas especializadas en un tema, quienes exponen su trabajo frente al auditorio.
   b) La exposición del tema se hace a manera de diálogo, permitiendo así escuchar los puntos de vista de ambos participantes.
   c) El auditorio obtiene a su vez la información necesaria de boca de expertos.
   d) Las conclusiones se hacen con la colaboración de todo el grupo.

7. Discusión en grupos pequeños:

Consiste en el intercambio mutuo de ideas y de opiniones entre los integrantes de un grupo relativamente pequeño.

Esta técnica permite el máximo de acción y de estimulación recíproca entre los integrantes, en donde se otorga responsabilidad para que todos participen en las diversas actividades. Los integrantes aprenden a pensar como grupo y a desarrollar un sentido de igualdad.

Mediante este método es posible establecer situaciones que favorecen la conducción de grupos; se brinda la oportunidad a cada participante de ampliar sus puntos de vista, así como de obtener comprensión y cristalizar sus pensamientos. Para lograr esto es necesario que todos los miembros escuchen atentamente, razonen, reflexionen y participen.

Esta técnica puede utilizarse para identificar, explorar (o ambas) las preocupaciones, diversos tópicos de discusión o problemas mutuos, proporcionando apreciación y comprensión para ellos.

El método de discusión es útil también para proporcionar y difundir información y conocimiento, y al mismo tierrpo, motivar al grupo a actuar y a cristalizar el propio pensamiento. Una vez logrado esto, esta técnica ayuda a la formación de la opinión y al consenso del grupo.

Cuando es necesario desarrollar una atmósfera de grupo, esta técnica es de gran utilidad ya que a su vez alienta y estimula a los miembros a aprender más sobre problemas e ideas y desarrolla un grupo central de gente con el fin de conducción o liderazgo.

Existen algunas advertencias que deben ser tomadas en cuenta al aplicar la técnica de discusión en un grupo: Es necesaria la existencia de algún problema común que haya que resolver, y que los resultados de dicha discusión estén relacionados directamente con los participantes. En los grupos de discusión no hay ocasión para tener ideas secretas, por lo que cada integrante debe estar dispuesto a compartir la información. También es necesario un pensamiento objetivo y organización en la discusión de los problemas, por lo que es importante recalcar la necesidad de saber escuchar. Por último, la elección del conductor debe estar basada en su capacidad y en su experiencia en trabajos de grupo. El conductor debe saber controlar adecuadamente las intervenciones de cada miembro para mayor eficacia de la técnica.

Forma de realización:

   a) El grupo mayor se subdivide en varios grupos relativamente pequeños.

b) La formación de subgrupos puede darse arbitrariamente, o bien, de acuerdo con los intereses personales de cada sujeto, sobre el tema seleccionado, etc.

c) Una vez formados los subgrupos se inicia la discusión del tema. Antes se establece el tiempo destinado a la discusión y se elaboran algunas reglas que deben ser tomadas en cuenta en el transcurso del trabajo.

d) Una vez transcurrido el tiempo establecido se finaliza la discusión. Si el problema aún no ha sido resuelto, el grupo decide si se alarga el lapso o se concede la oportunidad de una nueva reunión.

8. Dramatización:

Esta técnica se refiere a la interpretación "teatral" de un problema o de una situación en el campo general de las relaciones humanas.

Se trata de un método que por sí mismo crea informalidad, es flexible, permisivo y facilita la experimentación, estableciendo una "experiencia común" que puede emplearse como base para la discusión.

Desde el punto de vista psicológico, alienta la participación de los miembros del grupo liberándolos de inhibiciones, ayudándolos a expresar y proyectar sus sentimientos, actitudes y creencias.

La dramatización es fácil de planear pero exige gran habilidad en su aplicación real. Puede elegirse para proporcionar datos inmediatos y empíricos sobre relaciones humanas comunes a todo el grupo, logrando una indagación más profunda que los métodos convencionales. Asegura el máximo de compenetración psicológica e identificación con un problema, y así, aumenta la participación del grupo.

La dramatización sirve para ensayar las sugestiones o soluciones postuladas como un caso hipotético que puede semejarse mucho a una situación de la vida real, llevando a un grupo, a través de una serie de etapas, a un problema complejo de relaciones humanas. La atmósfera grupal se convierte en una atmósfera de experimentación y de creación potencial.

Esta técnica resulta muy útil cuando existen problemas de comunicación en el grupo pues al despersonalizar la situación problemática y hacer abstracción de las personas involucradas "muestra" y enfoca una faceta única y concreta de un problema, permitiendo mayor libertad de discusión.

Este método alivia tensiones y permite "descargas psicológicas" de los integrantes, al mismo tiempo que enseña a comprender y desarrollar aptitudes fuera de las situaciones de la vida real. Esta labor permite dramatizar las soluciones alternativas de un problema y proporciona a los individuos oportunidades de desarrollar su comprensión al colocarse en el lugar de otro.

Otra ventaja de la dramatización es proporcionar oportunidades para que los individuos "representen" sus propios problemas, con la posibilidad de comprenderlos mejor al presentarlos en una forma más dramática.

Esta técnica ofrece muchas ventajas, pero es importante tomar en cuenta algunos puntos que facilitan su éxito.

La dramatización debe iniciarse con situaciones relativamente sencillas, objetivos claros y caracterizaciones definidas.

A pesar de sus ventajas, la dramatización no es más que un medio para llegar a un fin. Si se abusa de esta técnica, el grupo corre el peligro de convertirse en una sociedad teatral de aficionados y la meta original del grupo queda distorsionada.

El elemento más importante de la dramatización es la espontaneidad, por lo que se recomienda evitar una estructuración demasiado rígida.

Si se decide utilizar este método debe verse si la madurez del grupo permite llevarlo a cabo, ya que la dramatización invade frecuentemente los sentimientos y problemas personales de las personas.

Forma de realización:

a) Selección de las personas que desean participar en la dramatización (generalmente con cierta inclinación a la actividad artística).

b) Los sujetos seleccionados "actúan" para el resto del grupo alguna situación previamente elegida.

(Para un mejor resultado de la dramatización cada participante puede elegir libremente el papel que desee interpretar de acuerdo con sus facultades y seleccionar el escenario, vestuario, etc., según sus propósitos.)

c) El resto del grupo permanece atento a lo que ocurre en el foro. Después de la representación se elaboran críticas y conclusiones generales.

9. Entrevista:

La entrevista se refiere a la interrogación de un experto, sobre un tema dado, por un entrevistador que representa al grupo. (Ocasionalmente el experto es extraño al grupo.)

Sin llegar a ser tan formal como una exposición verbal o un discurso, la entrevista resulta ser más formal que el simple diálogo.

El papel del entrevistador es el de mantener el nexo entre el grupo y el experto, establecer el nivel de discusión, marcar la rapidez con que se desarrollan los distintos aspectos y es responsable de la dirección del proceso.

El interés del grupo se ve estimulado por la interacción verbal. Si se establece una situación competitiva entre el experto y la imagen grupal es posible lograr una estimulación general del grupo y una participación psicológica más profunda.

Este método es recomendable para estimular el interés, obtener información significativa para el grupo y para desarrollar una línea de pensamiento coherente. La entrevista ahorra tiempo y mejora la eficacia del grupo, pero es aconsejable que un miembro del grupo se reúna con el expositor para planear la exposición antes de la entrevista.

La entrevista debe mantenerse siempre flexible y en forma de conversación. Las preguntas deben ser reflexivas y en el nivel de la habilidad del grupo. Es importante recordar que el entrevistado tiene derecho de contestar o no las preguntas que él considera apropiadas.

En cualquier entrevista debe haber una transacción entre indagar profundamente unos pocos puntos y tratar intereses más amplios de modo superficial.

Forma de realización:
- a) El grupo elige a un experto y un tema.
- b) El resto del grupo, que funge como auditorio, tiene la oportunidad de documentarse más específicamente sobre el tema seleccionado.
- e) El experto es sometido a un interrogatorio por parte de un entrevistador. Este puede o no pertenecer al grupo:

—El entrevistador comienza su labor exponiendo las preguntas anteriormente elaboradas, cuidando de que estas sean interesantes para el auditorio y vayan de acuerdo con el tema.

—El experto contesta a las preguntas de acuerdo con su capacidad y criterio.

10. Técnica expositiva:
Esta técnica se refiere a la exposición oral de un tema, hecha por un experto ante un grupo. Puede ser usada para lograr objetivos relacionados con el aprendizaje de conocimientos teóricos o informaciones de diversos tipos.

Mientras el especialista expone el tema previamente escogido, la actividad de los participantes consiste en reflexionar sobre lo que escuchan, contestar preguntas que él expositor formula y posteriormente aclarar aquellos incisos que no se hayan comprendido.

El experto puede facilitar la comprensión del material oral utilizando material didáctico como pizarrón, grabadoras, material audiovisual, maquetas, fotografías, etc.

Los principales objetivos de esta técnica consisten en:

a) Estimular la motivación de los participantes a lo largo de toda la sesión. Para lograrlo, el instructor puede emplear preguntas en forma oportuna y conveniente.
b) Proporcionar información y ejemplos suficientes en relación al tema.
c) Verificar la comprensión de los conocimientos transmitidos, a través de las preguntas.

Esta técnica pennite abarcar contenidos amplios en un tiempo relativamente corto, y al mismo tiempo facilita la comunicación de una información a grupos numerosos; sin embargo se debe tomar en cuenta que su manejo no es indicado para que los participantes alcancen objetivos relacionados con el aprendizaje de habilidades o actitudes. Tratándose de grupos muy numerosos, la participación del grupo puede resultar mínima pues la exposición tiene la desventaja de no permitir aprovechar las diferencias individuales y la comunicación oral se da en un solo sentido: del instructor hacia los participantes.

Forma de realización:
a) Se elige a la persona idónea para tratar el tema seleccionado. Este sujeto se coloca frente al grupo y después de hacer una breve presentación inicia la plática con una introducción al tema.
b) Terminada la introducción, el expositor procede a informar a su auditorio acerca del tema de la exposición.
La exposición debe ser planeada con anterioridad y realizarse de manera ordenada.
c) A continuación, el expositor hace una síntesis breve de lo expuesto, limitando su tiempo de antemano.
d) Una vez terminada la exposición del tema se procede a un lapso de preguntas y respuestas, presentadas en forma ordenada. Se sugiere limitar el tiempo asignado para esta fase.

e) Cuando todo ha quedado claro, y el tiempo establecido ha terminado, se da por concluida la sesión.

11. Grupos de confrontación

Todas las personas reciben estímulos, tanto desde dentro como de fuera; muchas de sus reacciones se deben a motivaciones internas, ya sean conscientes o inconscientes, y muchas otras son respuestas a estímulos externos que bombardean la personalidad y la hacen reaccionar. Con frecuencia, las personas confunden su mundo interno con el mundo externo, ponen en el exterior motivos de su mundo interior, y sienten como internos estímulos procedentes del mundo externo, lo cual dificulta su actuación en el exterior y les produce angustia en el interior. A través de los grupos de confrontación, es posible lograr que el sujeto distinga su mundo interno de su mundo externo, con lo cual se favorece su salud mental y su rendimiento.

Características de los miembros del grupo:
Para obtener buenos resultados, es conveniente que estos grupos no excedan de 15 personas homogéneas en cuanto a edad, sin importar el nivel socioeconómico, escolar, u otras características concretas. La edad es importante para lograr que las personas tengan los mismos años vividos y experiencias similares para poder compararlas con las de los demás participantes.

Las personas que toman parte en este tipo de experiencia grupal deben estar en contacto con alguna actividad que permita el movimiento interno deseado. Por ejemplo: Si el grupo se refiere a padres de familia, se le denomina "grupo de confrontación de padres de familia o familiar" y es necesario que ellos desempeñen alguna actividad dentro de la familia como platicar con los hijos acerca de determinados temas preestablecidos.

Es deseable que todos los grupos de confrontación se realicen con un conductor adjunto, para que ayude a los miembros a resolver los problemas teóricos y técnicos implícitos, y así, dejar al conductor la solución y la enseñanza de la discriminación emocional de cada uno de los miembros del grupo. Además, el adjunto conversa con un conductor sobre su funcionamiento y sus observaciones acerca de los participantes.

El conductor para su función, debe tomar en cuenta:

a) La constitución y rasgos físicos de los participantes.
b) La historia familiar tanto normal como patológica de cada uno de los miembros del grupo y del grupo como tal.

c) La motivación por la que cada sujeto participa en el grupo.

d) El medio ambiente concreto con el que el participante está en contacto.

e) Las metas del grupo.

f) Todos aquellos aspectos que tengan relevancia tanto para los miembros como para los conductores del grupo.

Los conductores deben estar conscientes de la apariencia y del tipo de respuestas que provocan con diferentes estímulos, tanto de sí mismos como de cada uno de los participantes. Este aspecto se vuelve un elemento de diagnóstico muy importante en el trabajo de los grupos de confrontación.

El modelo de grupo de confrontación es el siguiente:

a) Definición de una meta en la cual los participantes tengan que realizar alguna actividad que ponga en movimiento su mundo interno. Puede ser su propio trabajo o alguna tarea que se designe para el efecto.

b) Selección de 15 candidatos como máximo, más o menos de la misma edad. Si son 15 el número de participantes, las reuniones deberán de ser 15: si son 12 podrán ser 12 reuniones, si los participantes son 13, podrán ser 13 reuniones.

c) En la primera reunión, con el conductor adjunto, se explica el modelo de trabajo.

d) En dicha reunión se lleva a cabo la presentación de los miembros del grupo en cualquier forma que permita que se conozcan lo más posible.

e) El procedimiento inicial puede ser el siguiente:
1) Reunión de los participantes con el conductor adjunto.
2) Plática del conductor con su adjunto (15 a 30 minutos).
3) Reunión de los participantes con el conductor.

f) Si el grupo es de 15 personas, se recomienda que el tiempo de reunión con el conductor adjunto sea de 60 minutos y con el conductor 120 minutos. Si el número de personas es menor a 15, se puede reducir hasta en 15 minutos el tiempo del conductor adjunto y hasta en 30 minutos el tiempo del conductor.

g) Tanto el conductor como el conductor adjunto no deben descuidar la despedida del grupo. Se recomienda tomar en cuenta la despedida de los miembros entre sí, la despedida con el conductor y con el conductor adjunto.

12. Grupos de encuentro:

Un grupo de encuentro consiste en un conjunto de personas que quieren interrelaciones sobre aspectos de sus potencialidades. Algunas personas hablan en relación a las experiencias de grupos de encuentro como una reeducación emocional, en la que se está aprendiendo a reconocer, experimentar y, en última instancia, a controlar las propias emociones. Una sesión de encuentro requiere tomar un riesgo que resulta un contacto con algo que se desconoce.

La finalidad más importante de casi todos los miembros es encontrar nuevas maneras de relacionarse con los otros integrantes del grupo y consigo mismos. Después, cuando exploran sus sentimientos y actitudes hacia otros y hacia sí mismos, ven con claridad que los que manifestaron inicialmente eran fachadas o máscaras, dando paso así a los sentimientos y a las personas reales. Lentamente se genera un sentido de auténtica comunicación y los participantes sienten una unión e intimidad al revelar su personalidad de manera más profunda.

El individuo llega a obtener de estos grupos un conocimiento más completo de sí mismo y de cada uno de los demás, que lo ayuda en sus relaciones interpersonales.

Su duración puede ser de dieciocho horas en un fin de semana, o de cuarenta horas aproximadamente en un grupo semanal.

Hay muchas direcciones hacia las cuales se puede llevar un grupo de encuentro, por ejemplo: expansión socioemocional, solución intelectual de problemas, creatividad, valores éticos, sensibilidad social, experiencia mística, conciencia del medio ambiente, etc. Cualquiera de estos puntos o varios de ellos, pueden formar parte de un encuentro.

Etapas del grupo de encuentro

1ª Etapa. Al iniciarse el grupo, la comunicación entre los participantes gira en relación a cosas y asuntos externos, pues existe resistencia de darse a conocer por parte de los miembros. Se nota rigidez en sus esquemas, no se establecen relaciones estrechas entre la gente.

2ª Etapa. Los miembros del grupo empiezan a describir sus sentimientos pero como si pertenecieran al pasado y como si les pertenecieran a sí mismos. Los individuos se consideran ajenos a su experiencia subjetiva; pueden expresar ideas contradictorias sin tener conciencia de ello y normalmente reconocen tener algunos conflictos pero los perciben cbmo si no formaran parte de ellos mismos.

3ª Etapa. Aparece una descripción de sentimientos y significados que no son actuales y que se presentan como inaceptables o malos. En general, la experiencia de las situaciones tratadas tiene que ver con el pasado. La corriente de expresión acerca del sí mismo es más libre. Se cuestiona la validez de los esquemas personales. Se empieza a reconocer la existencia de problemas dentro del individuo.

4ª Etapa. Se describen determinados sentimientos presentes relativos al sí mismo, a excepción de los sentimientos externos que se consideran ajenos al momento actual. Los esquemas personales pierden rigidez y se manifiesta alguna responsabilidad personal si se está dispuesto a correr el riesgo de relacionarse con otros sobre la base de los sentimientos.

5ª Etapa. La mayoría de los sentimientos se expresan con libertad, aceptándolos como propios. Se admite que existen contradicciones entre las actitudes en diferentes aspectos de la personalidad, se presenta un deseo de ser auténtico, se cuestiona la validez de los esquemas personales y se siente responsabilidad por los problemas propios.

6ª Etapa. Los sentimientos que antes se negaban son ahora experimentados y aceptados, sin temor o deseos de combatirlos. La experiencia es liberadora y vivencial. Se acepta como referencia para llegar al encuentro con la vida y consigo mismo. Se tiene menos conciencia de sí mismo como objeto, experimentando dudas por los esquemas que antes se veían sólidos y que ahora se considera que solo ocurren dentro de sí mismos. Los individuos tratan de ser ellos mismos en sus relaciones con los demás, buscando que los otros los acepten como son.

Cambios producidos por los grupos de encuentro

I) Cambios individuales. Los individuos tienden a modificar el concepto de sí mismos a medida que exploran sus sentimientos en un clima adecuado de aceptación y reciben una retroalimentación completa por parte de los demás integrantes del grupo. Los participantes comprenden e incorporan una cantidad mayor de sus propias potencialidades, advirtiéndose esto en su comportamiento tanto dentro como fuera del grupo. A partir de esta experiencia algunos individuos escogen un rumbo nuevo para sus vidas en aspectos que se relacionen con lo filosófico, lo intelectual o lo vocacional. A ciertas personas la experiencia del grupo no les origina ningún cambio significativo, para otras, más tarde se manifiesta un cambio positivo.

II) Cambios en las relaciones personales. Para algunos sujetos la experiencia significa una mayor intensidad en la comunicación con las personas con las que conviven, compartiendo con ellos sus auténticos sentimientos. Los cambios provocados en las relaciones interpersonales son en general constructivos, al menos desde el punto de vista personal.

III) Cambios en las organizaciones. Los resultados de grupo son menos contundentes que a nivel individual o interpersonal. Como resultado de la experiencia, en algunos casos se modifican las políticas y los sistemas de evaluación, se abren los canales de comunicación y, en general, se da un rumbo más humano a los procedimientos administrativos. En ocasiones, la comunicación interpersonal adquiere mayor importancia y ya no se sigue una ciega lealtad institucional puesto que los grupos de encuentro fomentan la independencia, la franqueza e integridad individual en las organizaciones.

13. Grupos maratón:

Un grupo maratón se diferencia de otros tipos de grupos por su extensión. Consiste en un proceso de grupo que se mantiene *sin interrupción* durante seis horas como mínimo y hasta tres o cuatro días como máximo. El propósito de su duración ininterrumpida es tensar y acelerar el proceso de autoexposición emocional, desarrollar deliberadamente la presión de grupos durante largo tiempo y cambiar todo eso con los efectos de la fatiga. Es muy bueno para aquellas personas que presentan gran resistencia a aminorar o a disminuir su máscara social y sus defensas.

El proceso se divide en etapas: En la etapa de *apertura* los participantes se identifican o conocen. Después, en la fase de *hostilidad,* los sentimienntos de coraje o aburrimiento se expresan abiertamente. En la fase de *dependencia,* los participantes expresan su necesidad de ser amados y los temores relacionados con ser rechazados. (Este es un periodo en que los miembros del grupo se aceptan y se confortan mutuamente.) La última etapa presenta conjuntamente sentimientos de integración y sentimientos de ansiedad, por la *terminación* del encuentro.

Objetivos de los grupos maratón

El grupo maratón busca que, a través de procesos psicosociales y los efectos terapéuticos de una autovivencia y una experiencia intensa de interacción entre pacientes y psicoterapeutas, los integrantes se vean involucrados como personas y mejoren sus estilos de vida.

Para muchos integrantes, las sesiones cortas de dos horas o menos no son suficientes para interactuar sincera y auténticamente y salir abiertamente de sus roles enfermos o sus resistencias. La experiencia clínica ha manifestado que las presiones de grupo son más efectivas que las intervenciones del terapeuta, pues mueven más a la gente hacia un comportamiento honesto, responsable y espontáneo con otros. Como cualquier programa psicoterapéutico efectivo, el maratón busca la auténtica interacción humana, siendo uno de sus aspectos particulares la intensificación y aceleración de un encuentro genuino mediante una instigación deliberada de las presiones del grupo centradas en el cambio de comportamiento.

Actualmente, las terapias de grupos maratón se desarrollan en lugares privados donde un grupo selecto de 10 a 14 participantes puede estar reunido dos, tres o cuatro días. El programa puede variar de acuerdo con los valores y las metas de los participantes.

Para seleccionar a los participantes, se toman en cuenta las actitudes hacia el propio cambio y la constelación grupal.

Efectos terapéuticos de la terapia maratón
Nuevas maneras de actuar, sentir y sugerir ocurren en el maratón. Al ocurrir la transparencia del auténtico yo, se conduce a la intimidad psicológica dentro del grupo; esto es lógico puesto que lo que mantiene marginada a la gente una de otra son los roles o las márgenes que tratan de aparentar y los juegos que desarrollan.

Reglas del grupo maratón
Participar en un grupo maratón significa someterse a ciertas reglas que son:

1) Mantenerse unidos y no retirarse hasta que el grupo se desintegre en el tiempo previamente fijado, manteniéndose juntos todos los miembros durante todo el tiempo.
2) Todos los miembros del grupo deben actuar de acuerdo con ciertas bases y reglas preestablecidas.
3) El líder o líderes del grupo deben observar las mismas reglas que los otros participantes (con la excepción de que tienen el privilegio de descansar durante unas horas separados del grupo, para poder estar completamente alertas durante el tiempo de trabajo).

4) Cualquier ataque físico o amenaza están prohibidas. Todos los ataques se deben limitar a procesos verbales.

5) Los procedimientos de grupo tales como el psicodrama, juegos transaccionales, etc., se deben usar de manera excepcional.

6) El proceso de encuentro tiene la siguientes fases:
   a) reacción hacia las expresiones individuales;
   b) compartir las reacciones;
   c) retroalimentar y generar contrarreacciones.

7) Cada miembro debe sentir su presencia en el grupo y dejar que el impacto activo de los otros llegue a él.

8) Tener presente que como se es en el grupo, así se es en el mundo.

9) Los cambios y mejoras en la participación de los miembros del grupo están atendidos por el grupo mediante el reconocimiento a dichas mejoras.

10) La información que se conoce en el maratón nos debe ser revelada pronto afuera.

Grupo T

De acuerdo con Gibb, Bradford y Benne, podemos definir el Grupo T como "un grupo relativamente inestructurado en el cual los individuos participan para aprender". El aprendizaje está enfocado al mismo individuo, a los demás participantes, a las relaciones interpersonales, a los procesos de grupo y a los sistemas sociales mayores.

Así como ya lo hemos visto en capítulos anteriores, la selección del lugar de trabajo y el arreglo físico del mismo tienen una gran importancia en el desarrollo del trabajo grupal. En estos casos la disposición del local debe favorecer la comunicación interpersonal y el conductor no debe ocupar un lugar preponderante sino quedar intercalado con el resto del grupo.

Se sugiere elegir un sitio específico de reunión y, de ser posible, un sitio nuevo o que resulte poco familiar para los participantes. A esta situación la denominamos "isla cultural", y su propósito es aislar al individuo del contacto con sus experiencias cotidianas. De acuerdo con Sanabria, en estas condiciones se consigue que la persona disponga de mayor cantidad de tiempo para pensar y sentir todo aquello que ocurre en el grupo.

La labor en este tipo de grupos requiere que durante las horas de trabajo queden excluidos los roles sociales, los títulos y, en general, cualquier situación que tienda a marcar diferencias entre los individuos. Se recomienda solamente el uso de los nombres propios. Debido a que se busca una participación más activa de los demás miembros; el rol del conductor tiende a ser más pasivo, y sus intervenciones como conductor son poco frecuentes. Todas estas consideraciones hacen posible que el grupo se desarrolle en una atmósfera permisiva y libre.

Con respecto al tiempo podemos decir que los Grupos T son de duración corta, dos semanas en reuniones de varias horas al día. Sin embargo, hay ocasiones en que la duración puede prolongarse varios meses con sesiones distribuidas de acuerdo con los intereses del grupo. Esto debe quedar claro a partir de la primera sesión y se establece según los intereses y necesidades del grupo.

Una vez elaborado un plan de trabajo, y de acuerdo con los temas seleccionados, se buscan los métodos más eficaces basados en el supuesto de que las habilidades en las relaciones interpersonales se aprenden mejor a través de eventos en los que los individuos participan y se comprometen directamente en ellos (Gottschalk y Davison).

Las metas generales son: Proporcionar a los participantes una capacitación relacionada con sus necesidades internas, sus valores, sus percepciones y sus potencialidades, ayudándolos a descubrir y a percatarse de sus dificultades en sus patrones de participación, así como a experimentar conductas más integradoras con la ayuda de los demás participantes (Benne, Bradford y Lippitt).

En función de estos objetivos generales, Benne, Bradford y Lippitt han identificado siete áreas específicas de aprendizaje para la persona:

—Incremento del conocimiento, habilidad y sensibilidad para percibir las reacciones y expresiones emocionales, tanto personales como las de los demás miembros del grupo.
—Aumento de la habilidad para percibir y para aprender los efectos de las acciones propias a través de la captación de los sentimientos personales y de los sentimientos de los demás.
—Desarrollo y clasificación de valores y metas personales, acordes a aproximaciones objetivas y científicas, con base en las acciones y decisiones personales del grupo.
—Mejoramiento de la capacidad de "verse a sí mismo", y captación de conocimientos que hacen congruente la relación de los valores, metas y actitudes personales con actuaciones conscientes.
—Adquisición de conductas más satisfactorias y adecuadas en relación con el medio ambiente.

—Transferencia del aprendizaje ocurrido en el laboratorio a situaciones cotidianas.

—Crítica del propio proceso de aprendizaje, o sea, "aprender cómo aprender".

Sin embargo, estos mismos autores señalan que, de acuerdo con las características del ser humano, este aprendizaje puede verse impedido por barreras personales e intragrupales. Las más frecuentes son:

—Búsqueda de respuestas tempranas y fáciles.
—Conflicto entre lo nuevo y los patrones de conducta ya establecidos.
—Resistencia al rompimiento de patrones de conducta establecidos y a la internalización de nuevos.
—Resistencia para compartir sentimientos y conductas de otros.
—Falta de habilidad para evaluar conductas.
—Estructuras conceptuales pobres para planear la dirección del cambio.
—Rechazo para aceptar o ayudar a los demás.
—Reacciones defensivas por falta de seguridad.
—Incapacidad de trasladar las experiencias de la sesión a los de la vida cotidiana.

Para vencer estas barreras, se sugiere una buena selección de los participantes; procurar que estos estén lo suficientemente motivados como para seguir adelante pese a las trabas que puedan suscitarse, y tener la capacidad de aprender de la experiencia y transferir este aprendizaje a otros contextos sociales (Sanabria).

Existen algunas características necesarias en todos aquellos individuos que deseen participar en una experiencia de Grupo T. Por ejemplo:

—Los candidatos deben ser personas que no padezcan disturbios emocionales serios, capaces de enfrentarse a nuevas experiencias (algunas de las cuales pueden resultar molestas y poco satisfactorias), y poseer la capacidad para valorar y aplicar dichas experiencias.
—Capacidad para comprender a los demás y así ayudarse mutuamente en la obtención de la meta común.
—Deseos de un conocimiento más íntimo de la propia persona con el propósito de encontrar un significado más profundo de la vida.

Lakin señala tres grupos de personas no aptas para participar en Grupos T:

—Personas que bajo la tensión de la crítica se tornan muy ansiosas o muy agresivas.
—Aquellos que bajo la tensión de sus propios sentimientos, los proyectan tan intensamente sobre los demás, que hacen que sus compañeros se sientan víctimas de ellos.
—Sujetos que tienen una autoestima tan baja que su necesidad de reafirmación es prácticamente insaciable.

La cantidad ideal de los participantes en un Grupo T fluctúa entre ocho y 16 personas. De acuerdo con los objetivos que se persiguen los grupos pueden ser homogéneos o heterogéneos en cuanto a edad, sexo, ocupación, escolaridad, estado civil, etc.

Como ya dijimos el rol del conductor puede aparecer como un papel pasivo o poco activo, pero no hay que olvidar que depende en gran parte del conductor y de la forma en que él maneje a su grupo, que los miembros alcancen sus objetivos; por lo tanto es necesario que él también cumpla con ciertas características expuestas por Bradford, Gibb y Benne:

En relación con su formación profesional:

—Debe ser una persona que tenga amplios conocimientos, especialmente sobre las ciencias de la conducta y las sociales.
—Que esté sensibilizado y familiarizado con procesos y estructuras de grupo.
—Que conozca las teorías del aprendizaje y de la comunicación.
—Que tenga habilidad para formar una atmósfera de confianza en el grupo.

En relación con su experiencia profesional:

—Tener conocimiento de sí mismo. Preferentemente haber tenido una experiencia en algún tipo de psicoterapia en donde haya participado como paciente.
—Haber tenido una supervisión previa en el manejo de grupos o por lo menos haber participado como miembro de varios Grupos T.

Lakin sugiere:

—Conocimientos en teorías de la personalidad, psicopatología y dinámicas de grupos.
—Una extensa práctica supervisada.
—Alguna maestría o algún grado equivalente en las áreas antes mencionadas.

Además, el conductor debe haber pasado en el transcurso de tres años por
las siguientes experiencias:

—Participar como miembro por lo menos en dos grupos bien con-
ducidos.
—Observar sesiones de grupo y reunirse posteriormente con el conductor del mismo para discutir la forma de interacción de los participantes y otros procesos de importancia.
—Haber conducido cinco grupos bajo supervisión.
—Haber estado en psicoterapia o tener alguna equivalencia experi-
mental en autoanálisis.
—Haber sido evaluado por conductores experimentados en relación
con su personalidad y formación profesional.
—Su función como líder debe mantenerse al día, actualizándose en
conocimientos, con supervisiones periódicas que pongan énfasis en
su ética, su rol y sus funciones.

Si bien la forma de realización de los Grupos T consiste en la selección del
grupo, sus temas y el entrenamiento de los participantes de acuerdo con
los objetivos, es necesario recalcar que el grupo pasa por ciertas etapas que
representan su desarrollo y que se inician con la confrontación personal y
culminan con soluciones a los problemas que se han presentado.

Es de esperarse que la situación inicial sea de incertidumbre. Esta fase
presiona al grupo a estructurarse y a controlar la ansiedad. Esto trae como
consecuencia la búsqueda de un tema común.

La actitud del conductor es en este momento pasiva, y esto conduce a
los integrantes a una participación más activa en la búsqueda de la satisfacción de sus necesidades. En esta etapa aparecen personas que perciben al
conductor como ineficaz, mientras que otros individuos tienden a tomar
un rol más activo tratando de implantar el camino a seguir.

Una vez que los participantes han tenido la oportunidad de intervenir de una manera abierta y permisiva, aparece por primera vez el grupo como una integración en donde ya nadie se encuentra aislado, y el papel del conductor, que antes fue percibido como débil, ahora se presenta como permisivo.

En esta fase, la atmósfera del grupo se torna agradable, no hay angustias y cualquier tensión tiende a disiparse. El proceso grupal exige que esta etapa prosiga su desarrollo y aparece una fase de aparente regresión a la angustia. Surge la etapa más difícil en la cual cada individuo siente que su autoestima está en peligro.

Cuando se supera esta etapa se llega a un nivel de comunicación profunda, lo que trae como consecuencia un alivio de la tensión. Esta etapa, que es la última y la que debe ser completada si se desea alcanzar el éxito en esta técnica, se caracteriza por la aceptación de las diferencias entre los miembros, el logro de acuerdos obtenidos después de discusiones racionales, y percatarse del involucramiento emocional que ha surgido en cada uno de los miembros del grupo. El resultado es un entendimiento más profundo de la forma en que piensan, sienten y se comportan las otras personas.

14. Grupos psicoanalíticamente orientados

Los grupos psicoterapéuticos con orientación psicoanalítica buscan el análisis de los conflictos en un nivel más profundo. En estas formas de tratamiento de grupo, el material usado para la discusión y la exploración son la libre asociación, los sueños y las fantasías. Estos grupos se basan en la premisa de que todo grupo, cualquiera que sea la razón de su existencia o las metas que se proponga lograr, opera según leyes muy definidas. Por ejemplo: cuando cambia un miembro o varios de ellos, los sistemas de interacción se modifican y, en buena medida, funcionan como si se tratara de otro grupo (Palacios). El proceso de la terapéutica psicoanalítica de grupo quedó definido en el V Congreso Latinoamericano de Psicoterapia de grupo, en São Paulo: "es un método que, empleado por un analista neutral, aunque bien participante, da como resultado la regresión al desarrollo de la neurosis o psicosis de transferencia, según el caso. Su solución ha de derivar de técnicas consistentes de interpretación con la consecuente elaboración. Al resolverse el conflicto transferencial que es revivencia de encrucijadas infantiles mal superadas, ocurren cambios en el aparato mental del paciente que le capacitan para lograr una mejor adaptación en su ambiente real. Tales cambios operan desde el punto de vista metapsicológico en los territorios dinámico, económico, adaptativo y de manera discreta en el estructural" (Palacios).

La necesidad creciente de allegarse asistencia del psicoanálisis para el tratamiento de una amplia variedad de problemas, ha originado una serie de técnicas especializadas que se apoyan en él. Una de estas técnicas es la psicoterapia grupal psicoanalíticamente orientada.

Originalmente, los psicólogos y psiquiatras recurrieron a la terapia de grupo debido al alto costo y el tiempo excesivo del análisis individual así como a la falta de terapeutas debidamente entrenados. La terapia de grupo brinda a los individuos la oportunidad de desarrollarse en un campo más relacionado con la vida y evita el que se genere una dependencia del individuo hacia el terapeuta, puesto que promueve o fomenta el fortalecimiento de relaciones con un grupo mayor de gente. Este método se ha usado a nivel institucional o privado para tratar niños con problemas, para atacar el problema de la delincuencia juvenil y para el tratamiento de grupos de adolescentes y de adultos.

El psicoanálisis de grupo, la terapia de grupo o los grupos de encuentro con orientación psicoanalítica se consideran como un acontecimiento importante dentro de la práctica del psicoanálisis.

En el ambiente grupal, el analista se compromete a una participación completa al igual que los miembros del grupo; no se puede refugiar dentro de su posición tras el diván, por el contrario, tiene que revelarse él mismo como un ser viviente que está totalmente involucrado en el drama humano que se presenta ante sus ojos. Se ve desprovisto de sus poderes mágicos y no tiene otra alternativa que la de compartir sus limitaciones y sus fuerzas con los demás integrantes.

Los participantes pueden observar entre sí y observar sus interacciones: el terapeuta también observa la interacción entre sus pacientes para con ellos mismos y para con él. Además, el sistema de grupo permite observar a los pacientes en situaciones tan aproximadas a la realidad entre el individuo y el grupo y cómo ellos contribuyen a la salud y la patología. Por lo tanto, esta técnica puede ayudar a los individuos a funcionar mejor en la sociedad y, al mismo tiempo, ayudar a crear una sociedad que produzca menos individuos inadaptados.

15. Grupos de sensibilización

Es un grupo no estructurado que se centra en problemas de tipo afectivo y en el cual se minimizan los factores intelectuales y didácticos.

Estos grupos tienen como objetivos para sus participantes: el entendimiento de sí mismos, ser sensitivos frente a los otros; ser capaces de escuchar, de comunicarse, de entender y diagnosticar los problemas del grupo, de contribuir efectiva y apropiadamente al trabajo en equipo, de entender las complejidades de la acción intergrupal y los problemas internos de la organización. En general, los grupos de sensibilización tienden a hacer hincapié en las habilidades para las relaciones humanas, en el desarrollo personal, aumento de la comunicación y las relaciones interpersonales.

Otra de sus metas es que los participantes aprendan a dar y recibir ayuda honestamente y se conviertan en agentes de cambio que impulsen el proceso de evaluación de una situación en sus organizaciones.

El desarrollo de la sensibilidad se ha utilizado para la capacitación de gerentes, preparación de equipos, así como el uso de datos de investigación sobre la organización, sus procedimientos y en la toma de decisiones, comunicaciones y operaciones.

Se utiliza también para la solución de problemas y cambios organizacionales, manejo de conflictos, entrenamiento en equipo y de todo tipo de personal supervisor.

Sus ventajas son las siguientes: confronta al participante con la imagen de sí mismo propiciando en él un cambio de conducta. Además, le permite conocer sus problemas emocionales, su modo de comunicación y sus tensiones interpersonales, también lo ayuda a profundizar en sus emociones y sentimientos y en la interacción con otros, alentándolo a mantener nuevas conductas en su trabajo.

Las desventajas de esta técnica son las que provocan resistencias al cambio, por lo que se requiere un instructor altamente capacitado en el conocimiento de la conducta humana; además, puede originar ansiedad sobre el fracaso o el éxito de la experiencia, y si los elementos emocionales de las personas no son bien manejados, se puede caer en situaciones muy peligrosas para la salud de los individuos. El cambio de conducta puede ser transitorio. Debido a todo lo anterior, se debe analizar con anterioridad la personalidad de los individuos que van a integrar el grupo.

Forma de realización:
Este método puede llevarse a cabo durante dos, tres semanas o, en tiempo corto, durante tres o cuatro días intensivos. No existe temario personal establecido, papeles asignados de dirigentes, normas, etc. Esta situación aparentemente inestructurada crea, en la mayoría de las personas, ansiedad y

tensiones. Los esfuerzos por liberarse de esa tensión, ya sea retirándose de la participación activa o supliendo los elementos que faltan, reflejan los modos cotidianos de conducirse de los individuos. Esta conducta es precisamente la materia de aprendizaje. Para tener éxito y que se dé un aprendizaje, se requiere cumplir con un alto grado de eficiencia en los siguientes aspectos:

a. *Conducta voluntaria.* La primera condición es que el participante exponga abierta y auténticamente su conducta.
b. *Retroacción.* Es necesario tener un sistema de retroalimentación que sea como un espejo que permita que la persona se vea a sí misma como la ven otros.
c. *Ambiente.* El ambiente debe ser tal, que permita a las personas expresar libremente cualquier juicio y romper sus barreras.
d. *Conocimientos.* Los conocimientos que provienen de la experiencia, o el caudal de información acumulado en un individuo son necesarios para poder cambiar.
e. *Experimentación y práctica.* El aprendizaje y el cambio piden oportunidades de experimentación y práctica. Cada individuo necesita experimentar y hacer suyos los nuevos patrones de pensamiento y los nuevos modos de observación y conducta.
f. *Aplicación.* Deben darse elementos que permitan a los individuos mantener sus nuevas pautas de conducta.
g. *Aprender.* Dar elementos para que las nuevas experiencias aporten algo nuevo.

16. Interrogatorio por una comisión

Se trata de una técnica simple en la cual un solo individuo se enfrenta a un interrogatorio efectuado por varias personas. Es un método formal que permite un control flexible de la situación por medio de la comisión. Esta situación da como resultado un interés muy grande hasta el punto de lograr una profunda participación psicológica si se establece una atmósfera competitiva.

Este método permite al interrogado exponer su gran variedad de conocimientos, aptitudes y habilidades. Si hay una buena división de las responsabilidades y un buen respaldo, es fácil lograr un buen interrogatorio, y en consecuencia, el aliento a pensar e interrogar en grupo.

Este método se elige para estimular el inerés u obtener información de acuerdo con un contexto significativo para el grupo.

Hay ocasiones en que resulta necesaria la creación de un nexo psico-lógico entre el expositor y el grupo, así como una atmósfera de intimidad grupal; la comisión interrogadora puede crear esta situación.

Esta técnica también es recomendable para cuando se desea obtener una mejor exposición de una persona competente pero que tiene dificultad para expresarse ante un grupo de una manera fonnal; tiende a ser verboso y divagador, posee dificultad en organizar su exposición o hablar a nivel de grupo; es superficial sobre algunos puntos importantes; tiene dificultad en juzgar los intereses del grupo; o es tan habilidoso con las palabras o los argumentos que es difícil manejar una entrevista con él para un solo inte-grante del grupo. Otra ventaja de este método es que brinda la capacidad para interrogar de una manera organizada, lo que permite una ganancia en tiempo y en trabajo.

Debido a que el papel principal está en manos de un experto, es con-veniente elegirlo con mucho cuidado. Por otra parte, la comisión inte-rrogadora debe poner atención en las preguntas que debe elaborar. Cada interrogador debe considerar sus preguntas mientras otro hace uso de la palabra.

No se debe olvidar la posición dominante que la comisión interroga-dora pueda tener sobre el experto. Esta representa al grupo total, por lo que la interrogación debe estar de acuerdo con los intereses y las inquietudes del grupo.

Forma de realización:
   a) La persona experta en el campo se coloca frente a un grupo de in-terrogadores.
   b) La comisión de interrogadores se forma por expertos en la materia, o por gente interesada en el tema que desea obtener una informa-ción más amplia.
   c) Cada interrogador elabora sus preguntas y las presenta al interrogado.
   d) El interrogado deberá contestar a cada cuestión y someterse a la eva-luación y juicio de los interrogadores.
   e) Al mismo tiempo el interrogado tiene la oportunidad de exponer el tema que ha preparado con anterioridad.
   f) La evaluación final se puede hacer por medio de una deliberación por parte de la comisión interrogadora, o con la participación del grupo que ha servido de auditorio con el fin de obtener una exigen-cia más exacta de la situación y encontrar una solución adecuada.

17. Jornadas

Las jornadas son una serie de reuniones concebidas para impartir instrucción e información específica en sectores particulares de trabajo. Generalmente se programan para ser realizadas en varios días.

El propósito principal de este método es el de presentar información. Un objetivo importante es identificar, analizar o resolver problemas, para inspirar a la gente hacia la acción, o para crear conciencia grupal y despertar interés.

La productividad de las jornadas está en razón directa del grado en que los asistentes participan en el planeamiento, en la conducción y en la evaluación de las mismas.

Forma de realización:
  a) El grupo elige los temas específicos, el lugar y el tiempo destinado a la jornada.
  b) Los miembros del grupo previamente seleccionados, presentan la información elaborada ante el auditorio.
  e) El auditorio tiene la oportunidad de comentar dicha información, ampliarla y elaborar conclusiones.

18. Mesa redonda

Esta técnica se describe como una discusión ante un auditorio por un grupo seleccionado de personas (por lo general de tres a seis) bajo la dirección de un coordinador.

La atmósfera que este método ofrece puede ser informal. Esta técnica brinda la oportunidad de exponer y enfocar diferentes puntos de vista, hechos y actitudes sobre un tópico, permitiendo un máximo de interacción y de interés. La presentación activa del tema alienta la participación de los otros integrantes de la mesa, aumentando el interés del auditorio.

En casos de desacuerdo sobre el tema es un método útil para definir los puntos en común, los opuestos y llegar a un acuerdo.

Este método requiere previa reflexión y recolección de datos, por lo que reparte la responsabilidad entre los integrantes del grupo. Es recomendable cuando los niveles de comunicación no son del todo adecuados, pues crea una atmósfera informal, útil en estos casos. Lo mismo sucede si los temas o problemas son demasiado complicados y se requiere una técnica que facilite la exposición de diferentes hechos y puntos de vista.

La mesa redonda crea interés en el auditorio por los temas de discusión y motiva al grupo mayor al pensamiento o la acción constructiva.

También determina los campos de acuerdo, discute las zonas de desacuerdo y ayuda a lograr el consenso, ayudando al grupo a enfrentar un tema polémico cuando se hace necesario pues dispersa la responsabilidad. Si bien se trata de una técnica frecuentemente utilizada, su éxito depende, en gran parte, del moderador y de los integrantes de la mesa, los cuales deben ser elegidos cuidadosamente, procurando que las discusiones no sean monopolizadas por alguno de los miembros.

La mesa redonda no puede efectuarse sin un planeamiento previo (tiempo, programación, etc.), pero es aconsejable evitar una discusión preliminar sobre el tema que restaría espontaneidad y novedad. Es importante tratar de concluir mientras el interés del grupo se mantiene alto.

Forma de realización:

a) Un grupo de expertos elegidos del resto de los participantes son los encargados de dirigir la mesa redonda. Uno de los integrantes hace el papel de moderador.

b) El grupo elegido se coloca en un punto tal del salón de reunión donde puede ser escuchado por los demás miembros del grupo.

c) Los participantes de la mesa redonda seleccionan prtviamente los temas a tratar, así como la manera de llevar a cabo la exposición, la cual debe ser interesante y comprensible para el resto del grupo.

d) El auditorio permanece atento a lo que sucede en la mesa redonda y, al final, se aconseja permitir al auditorio participar con comentarios y preguntas.

e) Las conclusiones obtenidas por los representantes de la mesa redonda deben ser útiles y aprovechables para todos los demás miembros del grupo.

19. Mesa redonda con interrogador

Este método consiste en un intercambio de discusión e interrogación entre un pequeño grupo de individuos expertos (mesa redonda) y una persona o más (los interrogadores), generahnente bajo la dirección de un moderador.

Una de las ventajas que esta técnica ofrece es que se pueden tratar muchas preguntas en un tiempo breve, ya que la interacción entre el interrogador y la mesa pueden conducir al desarrollo total de un tema.

Este tipo de mesa redonda crea un ambiente competitivo que trae como resultado un interés de carácter general. Este interés es también producto de la especificidad de las preguntas y respuestas.

Esta técnica se utiliza con el fin de emplear el conocimiento o la experiencia superior de algunos individuos, quienes pueden ayudar en la exploración de problemas complejos o estimular el interés en los pormenores de un problema actual.

Para la obtención de un mayor control es aconsejable un acuerdo preliminar en cuanto a los campos generales que se tratarán, así como la designación de un moderador. También, utilizar esta técnica junto con otras en las que intervenga todo el grupo, para trazar la línea de preguntas que se han de realizar. Este procedimiento exige mucho tiempo.

Es importante contar, no solamente con la habilidad del interrogador, quien es el encargado de dirigir la discusión, sino que debe asegurarse de que haya comprensión del campo y la clase de preguntas específicas a cuyas respuestas aspira el grupo. No es recomendable un "ensayo" de la discusión.

Forma de realización:
  a) Al igual que en la mesa redonda, se elige a un grupo de expertos en el tema seleccionado.
  b) Junto con ellos trabaja una o más personas que fungen como interrogadores, los cuales pueden pertenecer o no al grupo mayor. Si es necesario se elige también a un moderador.
  c) El interrogador prepara una serie de preguntas alusivas al tema seleccionado que son contestadas de una manera clara y precisa por los expertos durante la sesión.
  d) El interrogador puede dirigir su pregunta a una persona en particular, o hacerla en general y uno de los participantes la contesta voluntariamente.
  e) De las respuestas dadas por los integrantes de la mesa redonda, se puede efectuar una breve discusión, bajo la coordinación de un moderador.
  f) Junto con el resto del auditorio se obtienen las conclusiones.

20. Método de diálogos simultáneos
Este método consiste en dividir un grupo grande en pequeñas secciones de dos personas para facilitar la discusión. Se trata de un procedimiento muy informal, que garantiza virtualmente la participación total y, por lo tan-

to, tiene un potencial mayor para la intervención de todos los individuos que el método de reunión en corrillos. Esta técnica puede ser usada en casi cualquier grupo por ser práctica y fácil de aplicar. Se elige cuando la intervención individual total es necesaria y es importante considerar muchos aspectos separados de un problema. Al aplicar este método es un buen control y la implantación de normas pues mucha gente puede estar hablando al mismo tiempo y la situación convertirse en desagradable.

Esta técnica facilita la intervención individual, pero es bueno tener presente que uno de los dos integrantes del diálogo puede dominar al otro e imponerse completamente a cualquier contribución que el otro pudiera hacer.

Forma de realización:

a) El grupo mayor se subdivide, formando grupos de dos personas.

b) El tema de discusión, el establecimiento de normas y el tiempo, serán acordados previamente por el grupo.

c) La pareja establecida trabajará en forma individual, de tal manera que todos los integrantes del grupo tengan la oportunidad plena de participar.

d) Una vez que cada pareja haya finalizado su trabajo, el grupo mayor vuelve a integrarse y se llega a una conclusión sobre los resultados obtenidos.

21. Método de reunión en corrillos (Discusión 66 o Phillips 66)

Consiste en dividir cualquier grupo en otros más pequeños, de cuatro a seis integrantes, con el propósito de discutir o analizar un tema. Esta técnica se utiliza en ambientes informales y permite la participación de todos los presentes. De esta manera se estimula la reunión de las ideas dentro del grupo pequeño, y por medio de la información inicial dada al grupo mayor, se facilita la comunicación y la participación de todos los integrantes.

Es una técnica rápida que alienta la división del trabajo y de la responsabilidad, al mismo tiempo que asegura la máxima identificación individual con el problema o tema tratado. Ayuda a los individuos a liberarse de sus inhibiciones para participar en un grupo pequeño aunque después puede llegar a ser el protagonista principal. También logra aliviar la fatiga, el aburrimiento y la monotonía cuando las reuniones grandes tienden a estancarse.

Este método se utiliza, generalmente, al inicio de un programa, en donde se le da al grupo la oportunidad de informar acerca de sus intereses, necesidades, problemas, deseos y sugerencias. En el transcurso del trabajo grupal, este método es útil para aumentar la intervención de los integrantes.

Este método tiene limitaciones en cuanto a la diseminación de información, pues no puede dar resultados superiores al nivel de conocimientos y de experiencia de que disponen los individuos integrantes de los grupos. En esta técnica la limitación del tiempo es un rasgo esencial, pero si esta se acentúa demasiado, puede trabar la discusión o el análisis. También, el no hacer un uso adecuado del material obtenido puede crear frustración entre los que han trabajado arduamente para producirlo.

Forma de realización:

a) El grupo mayor se subdivide en pequeños grupos de más o menos seis integrantes, de tal manera que todos los miembros del grupo participen.

b) La división puede hacerse arbitrariamente o de acuerdo con intereses específicos.

c) Una vez dividido el grupo, se nombra un coordinador del grupo, que mantenga activa la discusión sobre el tema, dando oportunidad a que todos participen y un registrador de conclusiones.

d) Los grupos ya formados comienzan su labor de discusión, de exposición de ideas o de presentación de nuevos programas, etc., por un tiempo previamente especificado. (El tiempo que generalmente se destina en este tipo de trabajo es de seis minutos, pero puede modificarse de acuerdo con los intereses del grupo.)

e) Una vez transcurrido el tiempo, marcado, el grupo vuelve a integrarse y se procede a la elaboración total del material obtenido por los grupos.

22. Promoción de ideas

Esta técnica se refiere a un tipo de interacción en un grupo pequeño, concebido para alentar la libre presentación de ideas sin restricciones ni limitaciones en cuanto a su factibilidad.

Se trata de un método completamente informal que permite la discusión de un problema sin consideración sobre cualquiera de las restricciones o inhibiciones usuales. Brinda al grupo oportunidad para considerar muchas alternativas, incluyendo nuevas oportunidades que estimulan las facultades creadoras de los integrantes.

Esta técnica tiene un gran valor en la formación de la moral y del espíritu del cuerpo del grupo, debido al fácil intercambio de ideas y opiniones. Además, puede servir en la búsqueda de nuevas posibilidades creativas y nuevos campos de acción. Permite conocer el problema a fondo y cerciorarse de que ningún aspecto del mismo ha sido pasado por alto, logrando establecer una atmósfera de ideas y de comunicación que abre paso a la consideración de cambios principales en los planes existentes en el grupo.

La promoción de ideas es útil para encontrar nuevos caminos creativos; sin embargo, esta constante búsqueda retarda el proceso de reducir el campo de elecciones afirmativas. Tratándose de un grupo heterogéneo, esta técnica no produce un buen efecto, y es preferible emplearla cuando los integrantes del grupo son relativamente maduros, creadores y poseen la facilidad de liberarse de restricciones comunes. Esta técnica se presta a que algunos integrantes del grupo intenten emplear la sesión para ganar en estatus mediante el aprovechamiento de los aspectos ridículos o jocosos del tema que se está discutiendo.

Forma de realización:
   a) Se reúne un grupo pequeño de gente que desea trabajar un tema determinado.
   b) Cada participante tiene la libertad de presentar cualquier idea relacionada con el tema, por ilógica que parezca.
   c) Las conclusiones son elaboradas en conjunto, por todo el grupo, de acuerdo con el material obtenido.

23. Psicocomunidad

Psicocomunidad es un método de investigación, influencia y exploración de la comunidad que toma como marco conceptual los modelos psicoanalíticos de Rappaport. Este método se planteó para ser utilizado dentro de un contexto de comunidades marginadas (Cueli, J. Biro, C.), utilizando la presencia y el tiempo del investigador como instrumento modificador. Es un modelo psicoanalítico a corto plazo, que ha mostrado ser útil para estudiar y modificar comunidades.

Forma de realización
   1) Se selecciona una comunidad marginada para ser investigada, explorada, estudiada y, si es necesario, modificada.

2) Se conjunta un grupo de exploradores e investigadores que acuden a la comunidad a cumplir sus propósitos.

3) Dicho grupo de investigadores revisa, antes de ayudar a la comunidad, las fantasías que tiene acerca de ella, como un supervisor.

4) La distribución de la comunidad se realiza por calles o manzanas. Cada investigador visita entre 10 y 15 familias, durante 10 a 15 semanas. La visita tiene un tiempo estable y fijo de 15 a 30 minutos. Los investigadores visitan esas casas aunque no sean aceptados por la familia visitada, permaneciendo en el lugar o cerca del lugar el tiempo establecido, ya que lo que ofrecen es una relación emocional o sea, su persona, su tiempo y la comprensión de sus problemas.

5) Después de visitar la comunidad, los investigadores se reúnen con un "tutor" quien resuelve los problemas técnicos y prácticos que se presentan durante las visitas que se hagan a la comunidad.

6) Posteriormente, se reúnen con un "supervisor" previamente entrenado, quien trabaja fundamentalmente los problemas emocionales que enfrentan los investigadores como resultado de su visita a la comunidad.

7) La función de los visitantes (investigadores) es dar, y solo en la tutoría y supervisión, de recibir. En resumen, el proceso es el siguiente:

    a) Elección de una comunidad.

    b) Elección de investigadores.

    c) Elección de un tutor.

    d) Elección de un supervisor.

    e) Reunión del grupo con el tutor para recibir indicaciones técnicas.

    f) Reunión del grupo explorador con el supervisor para revisar las fantasías previas a la visita a la comunidad. El tutor pasa a ser observador silencioso en las reuniones con el supervisor.

    g) El supervisor y el tutor comentan acerca del grupo de investigadores en un tiempo fijado para ello.

Después de cada visita a la comunidad, el grupo se reúne primero con el tutor y después con el supervisor, durante el número de semanas fijadas.

24. Role playing

La finalidad de esta técnica es la de representar una situación de la vida real con personas que encarnan un "personaje típico". El *role playing* se distingue del sociodrama por ser menos dramático.

A cada integrante del grupo le es asignado el papel que tiene que representar. Este equipo es presidido por un coordinador o por el mismo conductor del grupo.

Este método puede ser utilizado por equipos entrenados cuando surge un problema en el seno del mismo grupo. También es útil en situaciones difíciles y conflictivas, donde se hace posible apreciar los problemas, analizarlos y aclarar posiciones, sobre todo cuando se trata de posiciones rígidas.

Forma de realización:
  a) Al igual que en el sociodrama, el grupo elige el tema a tratar y algunos de los integrantes pasan al frente con el fin de actuar el problema.
  b) El equipo de actores elige a un director, que puede ser el conductor del grupo o cualquiera de los miembros.
  c) El grupo elabora las conclusiones.

25. Seminarios de investigación y trabajo

Estas técnicas ofrecen las siguientes ventajas: El trabajo implícito e incluido surge de las personas asistentes, quienes participan en las sesiones, tanto de planeamiento, como en las de resumen y evaluación. El fundamento de los seminarios son las sesiones de trabajo y sobre estas se basa toda la labor.

El éxito del seminario reside en un buen planeamiento del mismo, debiendo tomarse en cuenta todas las necesidades de los participantes para así lograr una buena asistencia. La participación depende de que el problema a tratar sea de interés general.

La duración mínima de los seminarios debe ser de dos días pues en menos tiempo es difícil lograr un buen aprovechamiento. Debe elegirse el lugar adecuado para el seminario, de preferencia un local de distracciones, pero que al mismo tiempo resulte cómodo y agradable.

Es bueno evitar las disertaciones de personas que no integran el seminario y, por el contrario, confiar en el interés, el entusiasmo, el ingenio y la facultad creadora de los miembros. Un buen seminario requiere la ayuda de asesores competentes que facilitan las discusiones pero que no hablen demasiado entre sí.

Las sesiones de trabajo proporcionan frecuentemente un medio más apropiado de educación que otras técnicas más convencionales, especialmente en los casos en que todas las personas tienen interés y contribuyen al programa general.

Forma de realización:

a) El grupo elige el tema del seminario, el tiempo destinado para este y el lugar de reunión.

b) Cada participante elige un tema que debe presentar claramente ante el resto del grupo durante el seminario. Cada expositor es responsable de su propio material, por lo que debe procurar que este sea de su dominio.

c) Debido a que cada exposición trae como consecuencia un debate, es necesario contar con la ayuda de moderadores y comentaristas que ayuden al buen desarrollo del seminario.

d) Elaboración de una memoria que contenga los trabajos presentados y las conclusiones obtenidas.

26. Simposio

Se denomina simposio a un grupo de charlas, discursos o exposiciones verbales presentados por varios individuos sobre diversas facetas de un solo tema.

El simposio es un método formal y fácil de organizar que permite la expresión sistemática y completa de ideas de manera ininterrumpida, permitiendo que problemas complejos aparezcan divididos en partes lógicas.

Es necesario establecer un acuerdo entre los participantes acerca de la estructuración de la presentación. Gracias a esta estructuración se logra un buen control del tiempo, se evitan las repeticiones y las presentaciones son precisas y lógicas.

Esta técnica se utiliza para presentar información básica, relativamente completa y sistemática.

Cuando el tema resulta complejo es necesario dividirlo sobre la base de:

a) las partes componentes lógicas;

b) los diferentes puntos de vista o ideas especiales, y

c) las soluciones alternativas propuestas y sus consecuencias.

Este método también resulta útil al unir y enfocar los diferentes puntos de vista sobre un esquema o contexto lógico más generalizado.

Antes de dividir el tema es necesario tomar en cuenta el contenido de este y cuáles son sus partes significativas. Se debe tener cuidado en la selección de los expositores pues de esta depende el éxito del trabajo.

Forma de realización:

a) Se selecciona a las personas idóneas para la presentación de los temas, así como a los integrantes de la mesa directiva, encargados de ocupar los cargos de presidente y secretario del evento. Dichas personas se responsabilizan de la estructuración y exposición de los temas.

b) Cada expositor presenta su tema frente al resto del grupo. Debe hacerlo de una manera clara y comprensible para la audiencia.

c) Una vez terminadas las exposiciones, se llevan a cabo discusiones, con la participación activa del auditorio y se llega a las conclusiones.

27. Sociodrama

El sociodrama puede definirse como la representación dramatizada de un problema concerniente a los miembros del grupo, con el fin de obtener una vivencia más exacta de la situación y encontrar una solución adecuada.

Esta técnica se usa para presentar situaciones problemáticas, ideas contrapuestas, actuaciones contradictorias, para luego suscitar la discusión y la profundización en el tema. Es de gran utilidad como estímulo, para dar comienzo a la discusión de un problema, caso en el cual es preferible preparar el sociodrama con anticipación y con la ayuda de un grupo previamente seleccionado.

Otro uso del sociodrama se refiere a la profundización de temas previamente tratados, con el fin de concretar en situaciones reales las ideas, las motivaciones, y los principales temas de la discusión. La representación teatral deja la inquietud para profundizar más en nuevos aspectos.

Al utilizar esta técnica el grupo debe tener presente que el sociodrama no es una comedia para hacer reír, ni una obra teatral perfecta, asimismo no debe presentar la solución al problema expuesto. Las representaciones deben ser breves y evitar digresiones en diálogos que desvían la atención del público.

Forma de realización

a) El grupo elige el tema del sociodrama.

b) Se selecciona a un grupo de personas encargadas de la dramatización. Cada participante es libre de elegir su papel de acuerdo con sus intereses.

c) Una vez terminada la representación, se alienta un debate con la participación de todos los miembros del grupo, con el objetivo de encontrar resultados a los problemas presentados.

28. Talleres de trabajo

El taller es una técnica que implica el desarrollo de ciertas características. Su significado literal es el de un seminario o colegio de ciencias donde se reúne un grupo de estudiosos para la enseñanza común.

El taller posee la siguiente estructura (Loya, Olates):

A) Admite grupos pequeños, de 10 a 30 participantes que facilitan la interacción en lapsos de corta duración y de trabajo intenso.

B) Tiene propósitos y objetivos definidos que deben estar estrechamente relacionados con lo que el participante realiza habitualmente.

C) Se vale de la combinación de técnicas didácticas que propician el conocimiento a través de la acción.

D) La información que los conductores desean transmitir se proporciona fundamentalmente a base de asesorías, que promueven el desarrollo de las capacidades del participante y la elaboración de un producto que puede ser indistintamente un instrumento o una estrategia, pero que necesariamente debe ser evaluable, tangible, útil y aplicable.

E) Se adapta a las necesidades de los participantes, lo que le da flexibilidad.

Forma de realización

1. Se selecciona el tema de trabajo y al conductor (o conductores) del grupo, quienes deben ser expertos en dicho campo.

2. El local debe contar con las siguientes cosas:
   —Mesa de trabajo para cada subgrupo
   —Sillas para todos los participantes
   —Un rotafolio grande
   —Pizarrón, gis y borrador.

3. Se subdivide el grupo en grupos pequeños que no excedan su número de 13.

4. Los conductores preparan el programa:
   a) Seleccionan los subtemas.
   b) Asignan el tiempo exacto para la exposición y la discusión de cada tema, la elaboración de tareas específicas, la presentación de las mismas y las conclusiones finales. Asimismo, se incluyen las actividades relativas a descansos cortos, tiempo para café y alimentos.

c) Elaboran una lista de libros y artículos que los participantes deben leer antes de iniciar el trabajo grupal. La distribuyen con anticipación.

d) Preparan el material que cada participante utilizará, vigilando que no le falte nada a ninguno. (Hojas, plumones, etc.)

e) Finalmente al inicio del taller, los conductores explican al grupo la forma en la que se piensa trabajar y se explica que los conductores únicamente dirigirán la actitividad, pero que el verdadero aprendizaje es responsabilidad de cada participante.

Se sugiere que en cada mesa se seleccione de entre ellos mismos un líder, quien coordinará el trabajo, y que este se substituya al terminar cada actividad.

f) Para cada subtema, los conductores explican las tareas específicas a realizar por cada mesa y qué material se espera que surja de ella después de cierta cantidad de tiempo. Los conductores permanecen para orientar y resolver dudas. Transcurrido dicho tiempo, pasa un miembro de cada mesa para exponer su material. Después de que todos los representantes de cada mesa han hecho su exposición, se prosigue a obtener las conclusiones acerca de dicho subtema.

Nota: Se sugiere no iniciar el siguiente subtema hasta no haber concluido con la presentación del anterior.

Tácticas
A continuación se mencionan las tácticas más comunes y útiles en el trabajo de grupos:

El saludo:
a) Tácticas de iniciación y comunicación
El encuentro entre los miembros del grupo y el conductor del mismo, marcan el inicio de la relación grupal. El primer contacto físico de todos los participantes lo constituye el saludo, el cual, en cualquier circunstancia, debe ser cordial y hospitalario (sin exagerar dichas cualidades). El conductor es el encargado de saludar a cada miembro con un apretón de manos y, si resulta conveniente, llamarlo por su nombre (Shostrom y Brammer). Esta manera de saludar es la que se utiliza a partir del primer encuentro grupal, y marca el inicio de las sesiones sucesivas.

El saludo como actitud socialmente aceptada, no solo le sirve al conductor para expresar su cortesía y afecto hacia los integrantes del grupo, sino que también sirve para despojar a los participantes de cierto grado de ansiedad mórbida (Sullivan).

La experiencia ha demostrado que el saludo no constituye solamente un estereotipo social sino que, en ocasiones, puede resultar el punto esencial de la comunicación entre el sujeto y el conductor, pues es el portador de un mensaje importante en la relación que indica el grado de dificultad o resistencia del participante para transferir fantasías inconscientes; asimismo, marca el funcionamiento de la percepción primitiva del sujeto en cuestión (Barriguete).

Con respecto a lo anterior, Barriguete ha encontrado que existen tres tipos de sujetos clasificados de acuerdo con su modo de saludar:

a) Sujetos que consideran el saludo tan solo como un estereotipo social.
b) Sujetos que consideran el saludo como un auxiliar en el pensamiento y en las emociones conscientes.
c) Sujetos que expresan con sus manos y sus gesticulaciones elementos diferentes a los que comunican con palabras, y que consideran el saludo como un sustituto esencial cuando el lenguaje verbal falla o falta.

La presentación

La relación interpersonal es el primer paso para la integración de un grupo, y dicha integración es la finalidad principal de la presentación de los miembros de un grupo que contribuye a romper el hielo del principio, disminuir las tensiones y hace notar que ninguno de los integrantes del grupo ha de pasar inadvertido. Además proporciona una primera idea de los valores personales y de la motivación de cada uno de los participantes para integrarse al grupo.

Existen varias maneras de efectuar la presentación:

a) En la presentación por *binas,* cada persona habla durante unos minutos con algún compañero para luego presentarse mutuamente ante el grupo. Es aconsejable que se busquen las personas que menos se conocen.
Terminada la presentación por binas se propone la presentación por *cuaternas* en la cual se sigue el procedimiento anterior, solo que en esta ocasión el grupo está formado por cuatro personas, y el tiempo

designado para la plática es mayor. Este mismo sistema puede ser utilizado por grupos de *ocho* y *veinticuatro*. El ejercicio habrá conseguido su objetivo si se logra que todos los participantes adviertan que no se puede tener una comunicación profunda, si no es a través de una buena relación interpersonal.

b) *En la presentación por tarjetas* cada participante anota su nombre en una tarjeta y estas se reparten entre todos los miembros, procurando que nadie se quede con su propia tarjeta. Luego se llama a cualquiera de los asistentes al centro del círculo, y quien tiene la tarjeta con su nombre pasa y dialoga con él frente al grupo, tratando de saber lo más posible de su persona.

Cuando las personas se conocen y se resisten a presentarse, simplemente se les puede insinuar que se reúnan en grupos de cuatro, pidiéndoles luego que se presenten para ver si realmente se conocen.

Una evaluación al finalizar esta práctica dice si se obtuvo el fin buscado y cuáles fueron las dificultades surgidas.

Algunas de las dificultades que pueden presentarse son la resistencia que surge entre los participantes por creer que ya se conocen y el fastidio por parecerles un juego infantil. En algunos individuos aparece timidez y nerviosismo. Este sistema puede producir, en un momento dado, cansancio y aburrimiento. Para evitar estas dificultades, el conductor del grupo debe mostrar desde un comienzo señales de seguridad y dominio, manifestar interés por lo que hacen y dicen las personas y, en la evaluación, reflejar las actuaciones positivas y negativas del grupo.

El conductor puede obtener algunos datos importantes de la presentación inicial que le facilitan, en lo sucesivo, el trato con los miembros de su grupo, por lo que debe poner especial atención al modo de presentación de cada sujeto: existen individuos que exponen ante los demás primeramente sus cualidades, mientras que otros utilizan sus defectos y deficiencias a manera de introducción al grupo.

El primer encuentro grupal y la respectiva presentación de los miembros sugieren varios tipos de situaciones. A continuación enumeramos las más comunes:

1. Situaciones en que ningún integrante del grupo se haya conocido anteriormente (escuelas, industrias, etc.). En estos casos, la presentación personal favorece el conocimiento de todos los participantes.

2. Situaciones en las que el conductor ya efectuó una entrevista previa a cada miembro del grupo (psicoterapia de grupo, industrias, etc.). La presentación favorece el conocimiento entre los integrantes del grupo y reafirma el conocimiento del conductor acerca de cada sujeto.

3. Situaciones en donde algunos miembros del grupo ya se conocen entre sí (escuelas, industrias, grupos anteriormente formados, grupos sociales, antiguas amistades que se encuentran para realizar un trabajo grupal, etc.). La presentación reafirma los conocimientos anteriores y favorece el conocimiento entre los miembros hasta ahora desconocidos.

4. Situaciones donde el único desconocido es el conductor (escuelas, industrias, etc.). La presentación favorece el conocimiento del conductor con respecto a los miembros y reafirma el conocimiento entre sí de los integrantes.

5. Iniciación de un nuevo miembro a un grupo previamente establecido. En este caso el nuevo integrante se da a conocer paralelamente a que cada participante hace una presentación de su persona. De esta manera se favorece el conocimiento del nuevo miembro con respecto al grupo y de cada uno de ellos por el primero, además de reafirmar el conocimiento de los antiguos integrantes entre sí.

La presentación personal en su modo formal no es una actividad absolutamente necesaria en la formación de grupos, ni tampoco requiere de lineamientos especiales a seguir.

Rapport o entendimiento:

La relación en grupo implica un encuentro entre dos o más personas que pudieron haberse conocido anteriormente, o bien, que son totalmente desconocidos.

Encontrarse por primera vez con un grupo de personas completamente desconocidas, a quienes el sujeto deberá confiarles en lo sucesivo sus sentimientos más profundos, provoca en este una situación de angustia, acompañada de incomodidad y cierto grado de desconfianza. Por lo tanto, el conductor, como primera tarea, debe ocuparse del establecimiento de un sentimiento de mutua confianza y comprensión. A esta condición se le llama *rapport* (Shostrom y Brammer).

Los miembros del grupo perciben el rapport como una atmósfera de comprensión e interés, en donde los sentimientos de aceptar y ser aceptado por los demás son primordiales y en la que las condiciones de empatía resultan necesarias para el trabajo.

El conductor del grupo juega un papel importante en el establecimiento del rapport y, por consiguiente, en el desenvolvimiento subsecuente del trabajo grupal.

El conductor debe ser capaz de mantener un justo equilibrio entre la importancia de la comprensión y de saber cuando hay que destacar un aspecto sobre otro. Para lograr este estado óptimo se presupone que el conductor comprende sus propios problemas y conoce sus debilidades y limitaciones (Shostrom y Brammer).

El rapport se establece también mediante el uso de la respuesta empática, es decir, la capacidad del conductor de "sentir dentro de sí mismo" las actitudes expresadas por cada integrante (Shostrom y Brammer), y fomentar las respuestas empáticas en los demás miembros del grupo.

Sin embargo, y a pesar de lo expuesto, podemos decir que no existe una técnica definida que determine el establecimiento del rapport; es el propio conductor quien debe construir el puente de relación entre él y su grupo, o de los miembros del grupo entre sí, manifestando interés por sus integrantes y viviendo las actitudes que estos presentan.

Actitudes socioculturales predisponentes:

Nuestra sociedad y nuestra cultura han imaginado la relación participante-conductor como una relación distinta a las ya conocidas, dándole un matiz de misticismo y, en algunos casos, considerándola incluso como mágica o sobrenatural.

Estas ideas han hecho que los participantes lleguen al lugar de reunión, no solo llenos de curiosidad, sino impregnados de un alto grado de angustia y temor que dificultan el establecimiento de la relación.

Shostrom y Brammer sostienen que la mejor manera de iniciar el trabajo es haciéndoles ver que al participar en un grupo se encuentran frente a una relación humana natural, tan sencilla como cualquier otra de la vida diaria. Así, sus temores y fantasías con respecto al trabajo grupal van perdiendo justificación. El conductor y los demás miembros del grupo son seres humanos, y como tales deberán comportarse a lo largo de todo el trabajo.

El conductor debe aclarar que no hay nada misterioso en la consulta, esclarecer las dudas de los participantes con respecto a tiempo y sintomatología, dar alguna idea de cuál será su método a seguir (Mackinnon), así como recalcar la importancia de la relación *confidencial* entre todos los participantes

(Sullivan). Esto debe quedar definido al finalizar la primera sesión, aunque a veces es necesario recalcarlo durante la vida del grupo.

Arreglos físicos:

En el trabajo con grupos, el establecimiento de un lugar de trabajo que debe adaptarse a las necesidades tanto del conductor como de los participantes del grupo es un factor determinante.

Los arreglos físicos de la situación grupal son fijados por el conductor mismo, de acuerdo con su propia experiencia y personalidad, de tal manera que la colocación de lugares resulte aquella que facilite una buena relación entre él y las personas que integran el grupo (Shostrom y Brammer).

En los encuentros grupales, la disposición más adecuada es la acomodación de los sujetos en círculo, incluyendo al conductor, de tal manera que se favorezca la comunicación y la relación entre los participantes, facilitando así la percepción total de los miembros del grupo.

En cambio, colocarse detrás de un escritorio o acomodar a los miembros del grupo alrededor de mesas, puede ser un impedimento para la buena comunicación pues altera la espontaneidad; por otro lado, existen personas a quienes les resulta altamente angustiante la postura frente a frente.

La silla o sillón debe ser igual para cada miembro del grupo y el asiento del conductor debe apegarse a estas condiciones, aunque pudiera ser distinta, para no marcar diferencias en estatus o categorías.

La luz es otro factor que puede impedir o facilitar una buena disposición hacia el trabajo, por lo que debe evitarse que los miembros del grupo se sienten de cara a la luz, utilizando para esto cortinas o persianas de color neutro y un sistema de iluminación indirecta en la sala.

Es bueno considerar el color y el mobiliario utilizados en la decoración del lugar, procurando que sean lo suficientemente agradables y que brinden comodidad al individuo. Se recomienda evitar colores y muebles que resulten ser demasiado extravagantes o que provoquen ansiedad.

También el conductor debe vigilar la buena ventilación del lugar, evitar el calor o frío en exceso, y no olvidarse de pequeños detalles como son acomodar, al alcance de los participantes, pañuelos.

b) Tácticas de estructuración

Todos los grupos en general poseen dos tipos de estructuras, unas visibles y explícitas y otras aparentemente invisibles e implícitas. Cuando se trabaja con un grupo, es conveniente proveerlo siempre de estructuras visibles y explícitas que favorezcan la salud mental de sus miembros y se desarrolle un mejor funcionamiento grupal.

La estructuración de un grupo equivale al itinerario para un viajero, el cual permite saber de antemano cuáles son los puntos que va a tocar y el tiempo que va a permanecer en ellos, de tal forma que pueda hacer planes con anticipación y encontrar una mayor satisfacción. La estructura favorece y protege a los miembros del grupo de cualquier desviación de la técnica o de cualquier lastimadura emocional inútil; al mismo tiempo, protege al conductor del grupo de cualquier eventualidad que ocurriera y no se pudiera ajustar al momento.

Las estructuras, en sí mismas, son dadoras de salud mental y, a la vez, formadoras de estructuras internas en los miembros del grupo. Así como en un momento la estructura es externa, después se internaliza y funciona desde dentro como si estuviera afuera.

Respetando las conclusiones de Bixler, podemos decir que:

1. De acuerdo con la seguridad del conductor y los miembros del grupo, los límites deben ser "mínimos".
2. La aplicación de los límites debe realizarse en una forma no punitiva.
3. Los límites deben estar bien definidos en cuanto a la acción, el lugar, el horario, el proceso, etc.
4. La estructuración debe realizarse en el momento oportuno y en una forma permanente pero flexible que permita el encauzamiento del proceso y no lo obstruya.

La falta de estructuración

Es importante recalcar que estructurar no quiere decir carecer de libertad para sentir y actuar psicológicamente dentro del grupo. La falta de estructuración da como resultado un desconcierto y una confusión en los individuos que forman el grupo, con la posibilidad de crear un ambiente tenso, lleno de esa angustia que inhibe y obstruye la marcha armónica del grupo. Durante el proceso del trabajo grupal, puede darse una estructuración no verbal en la que el conductor incorpora inteligente, paciente y paulatinamente la sensación de que dada dicha estructuración, se van obteniendo las metas esperadas a nivel individual y grupal.

Tipos de estructura. La estructuración puede ser en cuanto a la determinación del lugar de reunión, al horario, al proceso grupal, etc.

Estructura de lugar. El lugar de reunión debe quedar claro a todos los miembros desde la primera vez.

De ser posible debe respetarse el mismo lugar para todo el tiempo que dure el proceso.

Estructuración de horario. El horario en el que se van a reunir los miembros del grupo debe quedar muy claro. En ocasiones se realizan sesiones sin límite de tiempo, esta peculiaridad también debe quedar explícita para los miembros del grupo.

El conductor debe ser puntual tanto con el inicio de la sesión como con la terminación de esta. La estructuración del tiempo permite a los miembros del grupo sentir que, con cierta precisión, como todo en la vida, las reuniones tienen un ritmo, un principio y un final y que en el intermedio es mucho lo que se puede hacer y trabajar.

Estructuración del proceso grupal. El coordinador del grupo, da instrucciones, lo más precisas posibles, en cuanto a la duración del proceso en el que están participando los miembros del grupo. Así dirá: "Este proceso está planeado para lograr que todos ustedes se conozcan más a sí mismos. Tenemos exactamente seis meses, veamos qué tanto podemos alcanzar esta meta." Si la meta está planeada para lograrse en tiempo indefinido, es muy conveniente que el conductor del grupo lo haga explícito.

Estructuración de honorarios. Si los miembros del grupo son quienes van a pagar por el beneficio que reciben del proceso grupal, el conductor u organización fijan la cantidad de dinero que debe ser cubierta por concepto de honorarios; aclarando previamente la forma de pago:

—El pago puede ser cubierto antes del evento.

—El pago puede ser mensual, quincenal o por sesión en el caso de grupos con prolongada duración.

—El participante se responsabiliza de los honorarios aunque falte a las sesiones.

—Si el conductor cancela la sesión, esta debe ser repuesta o no causa honorarios.

—Si el participante decide tomar vacaciones, el pago de sus sesiones debe efectuarse de todos modos.

—Si el conductor es quien toma las vacaciones, los participantes no se ven en la obligación de pagar las sesiones suspendidas.

Estructuración de acciones. Dentro de los grupos, generalmente es permisible la expresión de todos los afectos, siempre y cuando sea en forma verbal o preverbal, pero nunca con acciones motoras agresivas ya sea hacia los miembros del grupo o hacia el conductor. El conductor puede aclarar: "Ustedes pueden decir y expresar todas sus emociones aunque estas sean agresivas, pero no se permite que rompan los asientos o las ventanas, ni que golpeen a ningún compañero ni al conductor del grupo". En los casos en que el grupo sea de niños, se dice lo anterior y además se pide que los niños no realicen sus funciones excretoras dentro del lugar de reunión, ni que escupan a alguno de sus compañeros. La expresión de acciones motoras agresivas, ya sea a los miembros del grupo o al conductor, produce en quien las realiza mucha culpa, provocando que el mismo sujeto se excluya o que el grupo lo haga.

Estructuración de roles. En algunos grupos se hace necesario estructurar claramente los roles de los participantes, empezando por el del conductor, y, si es que existe, el de observador silencioso. El grupo debe tener claro que el conductor es siempre el conductor y que ese observador es siempre silencioso. Esto ayuda al conductor y a los miembros del grupo a ser más eficientes, sobre todo cuando se presentan roles dobles, como el de maestro conductor del grupo (como maestro tiene que calificar o evaluar la conducta del alumno, como conductor del grupo no tiene esa función), y los protege a todos de eventualidades difíciles además de proporcionarles juicio de realidad.

Estructuración de actitudes fundamentales durante el proceso. Ingham y Love señalan la importancia que tiene, que desde un principio, que los miembros del grupo estén conscientes de que se inicia un proceso en el cual, si bien es cierto que se depende de la habilidad del conductor, el éxito del proceso también depende de la actitud responsable y personal de cada uno de los miembros del grupo.

Ambos autores señalan que es importante que los miembros del grupo adopten las siguientes actitudes:

1. *De investigación hacia sí mismo.* Esta actitud debe ser realista y no mágica, es decir, que no porque el sujeto se dé cuenta de cómo es él, puede cambiar automáticamente, o que el conductor puede lograr que cambie.
2. *Actitud de comprensión.* Sabemos que la actitud que se guarda hacia los demás puede ser la misma que se tiene hacia uno mismo. Es más benéfico comprenderse y comprender a los demás, que reprocharse y reprochar a los demás.
3. *De dar a las diferentes emociones un valor y una realidad,* de tal forma que no porque se sienta una u otra emoción se es débil, ridículo o

inadecuado. Del reconocimiento y respeto de las emociones puede salir la fuerza para su control.

4. *De evitar el temor a ser juzgados.* Los miembros del grupo pueden expresar, dentro de los límites ya explicitados, todos aquellos afectos que sientan, sin el temor a ser juzgados. La labor terapéutica del grupo es de conocimiento y comprensión y no de enjuiciamiento moral.

5. *De desechar el temor de ser juzgado* por las experiencias pasadas y, en cambio, utilizarlas para una mejor comprensión de la vida presente.

6. *De respetar* dentro del grupo aquellos valores que cada quien sienta y posea, ya sean políticos, religiosos, sociales, raciales, etc.

La exposición anterior no agota todas las tácticas existentes de estructuraciones que se pueden hacer de acuerdo con las características de los sujetos con los que se pretende formar el grupo, así, se pueden hacer grupos de niños, adolescentes, adultos, ancianos. También pueden ser grupos homogéneos o heterogéneos en cuanto a edad, sexo, problemática, trabajo, profesión, nivel sociocultural, etc.

Algunas de las tácticas de estructuración tienen que mantenerse constantes a lo largo de todo el proceso grupal en una forma atinada y sistemática.

c) Tácticas reflexivas:

Una de las mayores contribuciones de Carlo Rogers a los métodos psicoterapéuticos es el uso de las tácticas reflexivas, utilizadas con el propósito de generar un mayor sentimiento de comprensión durante el proceso terapéutico.

Esta táctica puede ser utilizada en el manejo de grupos con el fin de mejorar e incrementar las relaciones entre todos los participantes.

1. Reflejo de sentimiento

Una vez que el individuo se ha integrado a su grupo, el conductor debe dar a cada uno de los miembros la sensación de ser perfectamente comprendido y respetado. A esta situación Rogers la denomina "reflejo de reiteración", y se maneja exclusivamente con base en el contenido manifiesto de la comunicación. Pasada esta etapa Rogers propone el "reflejo del sentimiento" que trata de sacar a la luz la intención, la actitud o el sentimiento inherentes a las palabras del sujeto, proponiéndolos a cada miembro del grupo sin imponérselos (Rogers y Kinget).

El propósito de esto es conducir a cada uno de los integrantes del grupo, a pensar sobre los sentimientos e ideas que expresa como parte de su propia personalidad y no de fuera de sí mismo, para lo cual el conductor, al igual que los demás participantes, utilizan en sus frases los pronombres "usted" o "tú". Por ejemplo:"usted siente …","usted piensa …" (Shostrom y Brammer).

2. Reflejo de actitud

Rogers ha llamado a este tipo de reflejo "elucidación", y la define como la situación en la cual se ponen de manifiesto sentimientos y actitudes que no derivan directamente de las palabras del sujeto, sino que pueden deducirse razonablemente de la comunicación de su contexto (Rogers y Kinget).

A diferencia del reflejo de sentimiento donde el conductor del grupo utiliza en sus frases los pronombres "usted piensa …" y "usted siente …", en el reflejo de actitud el conductor debe tener el cuidado necesario para no formular sus contenidos de una manera categórica, sino utilizando expresiones como:"Si no me equivoco usted trata de decir …","si es eso lo que usted ha expresado, entonces …","si cree usted que me equivoco, dígalo …", "parece ser que lo que usted trata de decirnos es…" Veamos un ejemplo:

Participante 1: "Definitivamente he decidido renunciar a este grupo. Ustedes jamás me han aceptado completamente y esta situación es difícil. Claro, yo tampoco he hecho mucho por integrarme a ustedes, ya sé que somos completamente diferentes, pero de todas maneras ustedes deberían ser más considerados conmigo. Sé que han hecho varias reuniones y que nunca me han llamado; y, aunque lo hubieran hecho, yo no hubiera asistido a sus fiestas, después de todo no tenemos nada en común y me hubiera aburrido muchísimo, pero por lo menos me hubieran hecho sentir bien. Pero como después de todo yo a ustedes no los necesito será mejor que no los vuelva a ver y así todos nos sentiremos mejor…"

Conductor: "No estoy muy seguro de haberlo entendido bien, pero parece ser que lo que usted trata de decimos es que si el grupo lo trata mal es porque usted así lo quiere; o más bien se trata de una situación bastante desagradable para usted y por lo tanto trata de protegerse contra los sentimientos del grupo hacia usted. Si es que no me equivoco parece tener dificultad para aceptar la indiferencia y el rechazo del grupo y procura encontrar justificaciones ante tal situación."

3. Reflejo de pensamiento

Esta técnica ayuda a los participantes del grupo a percibir mejor, no solamente sus sentimientos y actitudes, sino también sus pensamientos.

Mediante el uso del reflejo de pensamiento, los miembros del grupo pueden analizar sus propios pensamientos y expresarlos como parte de sí mismos. El conductor del grupo permite a cada participante hablar de sus pensamientos en forma libre y sincera, y mediante el uso del reflejo cada uno es capaz de conocer su propio pensamiento y analizarlo de una manera efectiva.

Ejemplo:

Conductor: Quisiera que discutiéramos un poco acerca de la aceptación del nuevo miembro a este grupo.

Participante 1: Es una persona sumamente agresiva y competitiva.

Conductor: Piensa usted que podría perjudicar al grupo, ¿no es así?

Participante 2: A mí me recuerda a una persona que me cae mal.

Conductor: Piensa usted que su presencia puede resultarle desagradable en este grupo, ¿verdad?

Participante 3: Yo lo considero inteligente, tiene buenas ideas y parece entusiasmado con su integración al grupo.

Conductor: ¿Usted piensa que él puede serle útil al grupo, y por otro lado, que a él le haría bien sentirse aceptado?

4. Reflejo de la experiencia

El reflejo de la experiencia es una técnica utilizada, principalmente, en las terapias de actualización y tiene como objetivo ayudar al individuo a descubrir y a utilizar directamente la energía que se consumió en las proyecciones de su posición, movimiento y voz.

El proceso es el siguiente: el conductor observa las posturas, los gestos, los diferentes tonos de voz y los ojos de los integrantes del grupo y refleja no solo los sentimientos intencionados, sino también sus conductas no verbales observadas (Shostrom y Brammer). Esto se basa en la contradicción de lo que los participantes dicen sentir y lo que el conductor ve u observa decir a su organismo total. Veamos un ejemplo:

Participante 1: Adoro a mi marido aunque sé que me engaña.

Conductor: Dice usted que lo quiere, sin embargo su mirada está expresando mucha agresión.

Participante 1: Es absurdo, yo lo quiero mucho y voy a luchar por él.

Participante 2: Pero cada vez que menciona a su esposo cierra los puños.

Participante 1: A pesar de todo yo lo amo y estoy muy enamorada.

Conductor: Usted dice estar enamorada pero en el tono de su voz solamente hay despecho y rencor.

5. *Compartir experiencias*

Mediante esta técnica, el conductor se esfuerza grandemente por compartir con los miembros de su grupo las experiencias de estos en el preciso momento del encuentro grupal.

A diferencia del reflejo de la experiencia, al compartir la experiencia, el conductor se ve obligado a "modelar" ante los integrantes un tipo especial de conducta, es decir, ser una persona capaz de reflejar más allá de las palabras del sujeto (Shostrom y Brammer). Ejemplo:

Participante: "Me siento completamente perdido, fallé en mi trabajo por culpa de mi jefe, mi familia me ha abandonado y se ha quedado con todo mi dinero, nadie en el mundo es capaz de ayudarme."

Conductor: "Nos sentimos a disgusto cada vez que usted se lamenta, ¿no va a hablarnos nunca de otras cosas más agradables?"

Participante: "Me gustaría mucho, pero resulta que yo estoy marcado por mi suerte, cualquier cosa que hago sale mal."

Conductor: "Parece ser que usted siempre encuentra una buena disculpa para todo, sus disculpas solamente aburren al resto del grupo, y personalmente a mí me fastidian. Me molesta que una persona como usted no haga algo por salir adelante en lugar de dolerse de su suerte."

6. *Identificación de sentimientos*

La elaboración de sentimientos tiene un papel muy importante en cualquier tipo de relación interpersonal e incluso puede llegar a ser la responsable de dicha relación.

Partiendo de la importancia que tienen los sentimientos, y con el fin de facilitar su estudio, Shostrom y Brammer dividen los sentimientos en tres categorías: positivos, negativos y ambivalentes.

Mientras que los sentimientos positivos y los negativos son los encargados de estimular y actualizar o de destruir el yo, los ambivalentes se refieren a la presencia de dos o más sentimientos contrarios en pugna expresados al mismo tiempo y hacia el mismo objeto. Esta última situación se presenta muy a menudo en la formación de grupos, por lo que la tarea del conductor es localizar las aparentes contradicciones y reflejarlas a los integrantes, evitando así tensión y ansiedad entre los participantes. A continuación presentamos algunos ejemplos donde se manifiestan los sentimientos arriba mencionados:

Sentimientos positivos:
Participante: "Son ustedes muy amables al recordar mi cumpleaños."
    Conductor: "¿Cómo se siente usted?"
    Participante: "Muy feliz y muy agradecida."
    Conductor: "¿Desearía usted decirnos algo más acerca de sus sentimientos?"
    Participante: "Sí, para mí es una gran satisfacción sentirme aceptada, ustedes me han hecho sentirme bien por lo que yo los quiero a todos."

Sentimientos negativos:
Participante: "Creo que ya no podré continuar trabajando con ustedes."
    Conductor: "¿Qué es lo que le sucede?"
    Participante: "No estoy a gusto aquí. Siento que ustedes no me quieren."
    Conductor: "Usted se siente rechazado, ¿no es cierto?"
    Participante: "Sí, siento que nadie sabe apreciar mi trabajo."
    Conductor "¿Y usted cree que su trabajo es bueno?"
    Participante: "No lo sé. A veces no tengo ganas de hacer nada."
    Conductor: "¿Es entonces que se siente usted deprimido?"
    Participante: "Sí, así me siento cuando veo que otros logran conseguir cosas que yo nunca he podido obtener."

Sentimientos ambivalentes:
Participante: "No sé bien qué es lo que pasa, pero mi sensación es que no me siento bien en este grupo."
    Conductor: "¿Podría usted tratar de explicarnos mejor lo que le está pasando?"
    Participante: "Es difícil, bien … solo sé que hay ocasiones en que siento quererlos a todos, pero a veces quisiera matarlos. Así, simplemente porque sí. Sobre todo me pasa con usted. Sé que no debe ser, algo debe andar mal conmigo … yo no puedo evitar sentir lo que siento."
    Conductor: "¿Qué es lo que usted siente hacia mí?
    Participante: "Quisiera encontrar la manera adecuada para decirlo… Hace días creía que lo amaba, ahora lo odio. Lo mismo sucede con el resto del grupo, a veces siento que todos me quieren y me van a ayudar, y a veces me siento completamente solo, como si todos estuvieran en contra mía.

d) Tácticas de aceptación

Las tácticas de aceptación son sencillas y fáciles de manejar. Su objetivo primordial es expresar actitudes de aceptación del conductor hacia los miembros del grupo, ya sea cuando estos produzcan mucho material narrativo, o cuando este material resulte doloroso para los sujetos y se haga necesaria su intervención.

La aceptación se puede expresar utilizando frases o palabras breves como "ajá", "sí", "continúe", "mm …", "diga", "¿qué más?", "muy bien", y en general cualquier expresión que implique aceptación.

Existen otros elementos importantes que demuestran aceptación, como son la expresión facial y los movimientos afirmativos de la cabeza, el tono emocional y la inflexión de la voz, la distancia y postura del conductor en relación a los participantes.

Veamos un ejemplo:

Conductor: (colocando la palma de su mano sobre el hombro del participante, y utilizando un tono de voz amistoso): "Como ustedes han podido notar, Juan está de nuevo con nosotros. Me ha dicho que quiere volver a ingresar al grupo, pero antes desea hablar con todos nosotros. Vamos, Juan, lo escuchamos."

Juan: "Pues … no sé cómo empezar, yo estoy avergonzado por *mi* conducta anterior, quisiera poder decirles que lo…"

Conductor: "Siga, siga por favor. No tenga miedo, somos sus amigos."

Juan: "Yo quisiera volver a pertenecer a este grupo, pero sé que me he portado mal, lamento lo ocurrido y quisiera disculparme. Pasé una época mala, quisiera explicarles lo que me pasó."

Participante 1: "Creo que has hecho muy bien en venir. Puedes contarnos qué fue lo que te ocurrió, lo entenderemos."

Juan: "Yo estaba muy nervioso aquel día, tuve problemas en la casa y luego en el trabajo. Cuando llegué acá dije cosas de las cuales me arrepiento… Pero no sé si a ustedes les interesa esta historia…"

Conductor: (acercándose a Juan): "Continúe, por favor, el grupo quiere oírlo."

e) Tácticas de alentamiento

Shostrom y Brammer definen el aliento como un tipo de recompensa que produce un efecto de refuerzo en el comportamiento y promueve la espera de otras recompensas en el futuro.

Estos autores señalan las diferentes premisas en las que se apoya esta táctica:

1. Animar a explorar las nuevas ideas de los participantes o probar diferentes modos de conducta. Ejemplo:

Participante 1: "La situación económica de mi casa es mala. Creo que yo podría ayudar, pero no sé si mi idea sirva."

Conductor: "¿Cuál es su idea?

Participante 1: "Estudié corte y confección hace algunos años, no lo hago mal. Podría hacer vestidos y venderlos entre mis amigas."

Conductor: "A mí me parece una buena idea."

Participante 2: "A mí también. He visto tu trabajo y me gusta. Yo misma podría encargarte algunos vestidos."

Participante 1: "El problema económico se ha generalizado en muchas esferas sociales. Pienso que habría mucha gente interesada en comprarme ropa si a cambio de esta yo les ofrezco buena calidad por un precio módico."

Conductor: "Su observación me parece acertada. Tomando en cuenta la crisis económica, su trabajo puede resultar útil, usted tiene habilidades y con un poco de esfuerzo lo logrará."

2. Reducir directamente la angustia y la inseguridad:

Participante 1: (con voz angustiada) : "Este fin de semana mi novio y yo reñimos seriamente. Creo que es el fin, no volverá a buscarme… además yo tuve la culpa…"

Conductor: "Usted siempre nos ba dicho que su novio la quiere mucho. En este caso es probable que él también esté angustiado y la llame."

Participante 1 (llorando): "No, no lo hará… Fue algo definitivo. Yo lo conozco, es muy orgulloso y yo lo ofendí… Y lo quiero tanto…"

Conductor: "Ante todo procure calmarse un poco, así pensará mejor las cosas. Si riñeron y usted tuvo la culpa, ¿por qué no lo llama por teléfono?"

Participante 2: "Supongo que tu caso es diferente, pero quisiera contarte que hace unos días mi novio y yo también reñimos. Tú sabes que dentro de poco nos vamos a casar, y aun así, él me dijo que olvidara nuestro compromiso ya que no quería saber más de mí. Fue muy duro pues yo no quería perderlo, pero por otro lado estaba muy dolida. De todas maneras decidí buscarlo y pedirle perdón. Fue difícil, pero al final nos reconciliamos."

Participante 1: "Yo también lo buscaría, pero no estoy segura de que él quiera escucharme… si supieran ustedes todo lo que pasó. Pero… no, no quiero recordarlo…"

Conductor: "Él la quiere y probablemente la perdone. Por ahora no es necesario que nos cuente lo que pasó. Se sentirá mejor después de haber hablado con su novio."

3. Reforzar las nuevas formas de conducta:

Participante 1: "Antes de empezar con el trabajo quisiera contarles algo que me tiene muy contenta y deseo compartir con ustedes: he seguido una dieta y logré bajar cinco kilos."

Conductor: "La felicitamos."

Participante 2: "Desde hace días quise decirte que te ves muy bien y muy guapa. Sigue adelante."

Participante 3: "Admiro tu fuerza de voluntad. Quisiera ser como tú."

Conductor: "Supongo que no ha sido fácil esta tarea y ha pasado días muy difíciles al verse obligada a rehúsar alimentos que a usted le gustan mucho. Es posible que en ocasiones se haya sentido nerviosa e irritada y estuviera a punto de olvidarse de su dieta, pero ahora se puede apreciar que su esfuerzo ha sido provechoso."

El método de alentar puede ser usado en formas distintas. En el primer ejemplo, el conductor se valió de una *observación aprobadora* para animar a la participante a iniciar su negocio; a la mujer del segundo ejemplo le ofreció un tipo de *aliento factual,* es decir, le hizo ver que su situación, si bien era angustiante y dolorosa, tenía solución, y había otras personas, cercanas a ella, que habían sufrido por la misma causa, logrando encontrar el camino adecuado para tolerar la angustia y resolver el conflicto.

El aliento puede utilizarse también en la *posición de los resultados.* El ejemplo 3 nos muestra este uso, en donde el conductor no solo alienta a la persona a seguir adelante con su dieta, sino que le hace ver que su nuevo régimen de alimentación, y consecuentemente, su nueva imagen corporal, tienen sentido para el grupo, y su situación, además de ser admirada, es comprendida por sus compañeros.

El aliento puede ser utilizado también en la predicación de resultados o como efecto tranquilizador de la entrevista.

    a) *La predicción de resultados,* donde es posible descubrir las consecuencias de la reunión grupal en algunos días subsiguientes:

Ejemplo:

Participante: "Esta es la primera vez que soy capaz de hablar de estas cosas ante un grupo de gente. Mi divorcio fue algo sumamente doloroso para mí. Antes visité a muchos médicos y hablé con ellos. Pero de esta manera, ante un grupo de gente nunca lo había hecho. Me siento incómodo… No sé si ustedes podrán comprenderme bien…"

Conductor: "Entendemos cómo se siente, a todos nos pasó algo parecido la primera vez que nos enfrentamos al grupo. Probablemente seguirá usted sintiéndose molesto durante algunos días. Es posible que llegue a sentirse arrepentido de las cosas que nos ha contado hoy. No se alarme, esto forma parte del proceso. Poco a poco aprenderá a manejar estas situaciones y se sentirá usted mucho mejor."

Efecto tranquilizador de la entrevista: Tomemos como ejemplo a un niño pequeño que por primera vez se enfrenta a su grupo escolar. El niño se encuentra nervioso y asustado y es labor del profesor proporcionarle seguridad y aceptación:

Profesora: "Creo que no te sientes muy bien, ¿verdad?"

Niño; "Quiero irme a casa, con mi mamá, no me gusta estar aquí."

Profesora: "¿Por qué quieres irte?

Niño: "No me gusta… quiero irme con mi mamá, a mi casa…"

Profesora: "¿No te gustaría tener amigos nuevos con quienes jugar?"

f) Tácticas de catarsis

Catarsis es una palabra griega usada como sinónimo de purga. Aristóteles la utilizó inicialmente al hablar de la limpieza del alma, pero posteriormente fue Breuer quien por primera vez utilizó este método en una enferma histérica, quien, al narrar sus recuerdos, se curó de su enfermedad.

En la actualidad, la catarsis es utilizada como un método de abreacción. Es la liberación de las emociones reprimidas cuando se consigue que el sujeto hable de su problema y enfrente abiertamente su causa. Esto trae como consecuencia el alivio de una excitación anormal, restableciendo la relación entre la emoción y el objeto que la excitó originalmente.

Bellak y Small definen la catarsis como el método que se ocupa de trasponer un impulso o un pensamiento inconscientes a la conciencia. Sin embargo es necesario tomar precauciones para permitir la abreacción de un impulso. Al avanzar el proceso grupal, el uso de la catarsis se va haciendo más oportuno, ya que con el tiempo los miembros del grupo adquieren una mayor comprensión de sí mismos y una mejor capacidad de control.

Existen dos tipos de catarsis:

a) *Catarsis inmediata:* La catarsis que se provoca espontáneamente.

b) *Catarsis mediata:* La catarsis que es provocada por el conductor.

El efecto deseable de la interpretación en la catarsis mediata puede consistir en:

1. Amortiguar la fuerza que se produce en la catarsis.
2. Brindar seguridad.
3. Proporcionar una salida aceptable al impulso.
4. Dar oportunidad al sujeto para aceptar sus impulsos como propios.
5. En caso necesario, "prestar" a los miembros la fuerza del conductor para que combatan la severidad consigo mismos.

Este método exige, en ciertas ocasiones, el uso de vocablos más primitivos, por ejemplo, se puede decir "eso lo irritó a usted bastante", o "usted pensó que él era un desgraciado bastardo", en vez de decir: "Estaba usted tan enojado que sintió deseos de matarlo." Si el clima del grupo lo permite, se pueden utilizar palabras soeces.

Las palabras que se emplean suelen ser más fuertes que las que los miembros del grupo emplearían en un intercambio social; por ello, resultan punzantes y con cierto contenido afectivo.

Sin embargo, se debe tener la precaución de utilizar con medida esta táctica, pues si la intervención del conductor resulta exitosa, puede ser que los miembros del grupo la utilicen con exceso y se enfrenten a una caldera de odio destapada contra la cual tienen poca defensa. Además, esta situación puede llegar a extenderse a todas sus relaciones, alejándolos de su familia y de sus amigos, y dejándolos con una sensación abrumadora de soledad y de peligro.

g) Tácticas de silencio

Los procesos interpersonales, las conversaciones, la música, están compuestos por sonidos y silencios. La experiencia grupal es una relación interpersonal que también está matizada por palabras y silencios. La cultura, en general, no aprueba el silencio en una conversación; hemos aprendido a sentimos incómodos ante él y a considerar las pausas muy largas como si fueran un vacío social. Pero el silencio también habla y todo conductor de grupo debe aprender a oír lo que en los silencios se dice. Es difícil usarlo, pues sobre él se va a plasmar la vida interna del conductor y de cada uno de los miembros del grupo. Los silencios pueden comunicar miles de mensajes subjetivos. En ese gran concierto que es la interacción grupal, el silencio aparece como una táctica aceptante o rechazante. Para que el silencio pueda ser utilizado por el conductor con eficiencia y profesionalismo, siempre debe tener una connotación de aceptación, y estar incluido en el ritmo de los afectos y conversaciones del grupo.

El silencio por parte del conductor puede ser usado para responsabilizar a los miembros del grupo a que inicien un trabajo fructífero. Cuando un grupo se encuentra en desorden y perdiendo el tiempo respecto a su meta, el conductor se calla, y así, transmite la motivación a trabajar. El conductor también usa el silencio para transmitir un *insight* a los miembros del grupo. Dicho silencio significa el momento en que alguien del grupo, o el grupo, comprende algo que se estaba elaborando previamente. El conductor puede utilizar el silencio para apresurar una sesión grupal o para darle un ritmo menos rápido del que lleva.

Esta debe ser una táctica puesta al servicio y beneficio de los participantes y no porque el conductor se encuentra ante su propia confusión y descontrol. Sin embargo, el conductor puede utilizar lícitamente el silencio hasta no lograr el control deseado de él mismo y del grupo, salvando así su actitud profesional. El silencio en los miembros del grupo puede tener diversos significados.

1. Si se presenta en las primeras reuniones, generalmente puede estar representando una resistencia de tipo inconsciente al cambio. Las personas llegan al grupo y materialmente se encuentran bloqueadas sin poder decir nada o dicen que no quieren decir nada. En ambos casos, estas personas se mantienen en silencio pero poseen alguna postura o están desarrollando alguna comunicación de tipo corporal.
2. El silencio puede presentarse cuando tanto participantes como conductor de grupo han llegado al final de una idea y ambos están elaborando nuevamente qué decir. Cuando la sesión se ha caotizado y ni participantes ni conductor saben por dónde seguir, suelen presentarse pausas muy grandes.
3. El silencio puede presentarse en los miembros del grupo porque están sintiendo o pensando algo hostil que prefieren no verbalizar.
4. En ocasiones, algunos sujetos, prefieren callar a expresar algo doloroso que están experimentando, ya sea por motivaciones personales o porque otro miembro del grupo mencionó algo que emocionalmente le duele.
5. Actitudes pasivas y roles de seguidor pueden provocar en algún participante una actitud silenciosa que el conductor debe tratar de resol-

ver con señales preverbales como carraspear, mover alguna parte de su cuerpo que implique en forma adecuada que está esperando que el sujeto silencioso hable, etc.

6. Cuando se ha trabajado y elaborado algún punto, los miembros del grupo guardan silencio para esperar que el conductor diga, apruebe, testifique o explique lo sucedido.

7. Después de haber expresado algo que tenía un gran contenido emocional, uno o varios miembros del grupo pueden guardar silencio para recobrarse y seguir adelante.

8. La angustia y el miedo pueden, en un momento, paralizar la conducta verbal de los individuos participantes y guardar silencio mientras pasa ese desequilibrio momentáneo.

Los significados que puede tener el silencio en los miembros del grupo son muy numerosos. El conductor, con su sensibilidad y pericia, debe detectarlos y manejarlos. En algunos casos los debe sostener como muestra de compañía al participante o participantes y, en otros, romper los que crea conveniente; el conductor también puede provocar silencios. El uso de la técnica del silencio es difícil de aplicar pero necesaria, su utilización es casi un arte lleno de plasticidad porque resulta muy difícil escuchar lo que el silencio dice.

h) Táctica de contextualización

Es cuando el conductor del grupo coloca los problemas de los participantes en contextos diferentes a aquellos en que ellos mismos los han podido colocar.

Todos sabemos que el sentido de una palabra depende de las demás palabras que la rodean y que, a su vez, una frase puede adquirir distintos sentidos si variamos el conjunto de frases que la demarcan.

El contexto se refiere precisamente al conjunto de palabras o frases que rodean y modifican una determinada palabra o concepto.

Así, una de las operaciones constantes de todo proceso grupal consiste en poner los problemas de los miembros del grupo en más y variados contextos.

El problema de la validez de los contextos es, en el presente, uno de los problemas cruciales de la teoría de los grupos. Respecto a esto, Díaz Guerrero plantea:

a) Los miembros del grupo son radicalmente distintos el uno del otro y la validez de los contextos es individualizada, o

b) La validez de los contextos en la labor grupal depende más de otros factores (como la relación del miembro con el grupo y el conductor) que del tipo de verbalizaciones del contexto, o bien,

c) Hay factores comunes en todos esos disímiles textos y tales factores comunes son de más importancia en lo que se refiere a la validez de los contextos que a las variantes de los mismos; dadas las circunstancias solo una de tales eventualidades podrá ser fundamentalmente cierta.

Los contextos son válidos cuando

a) Tienen conexiones lógicas o de sentido con la, o las, premisas emotivas de los miembros del grupo.

b) Cuando reducen la intensidad emotiva de las mismas.

c) Cuando el contenido de los contextos representa adecuadamente la realidad.

Presuponen, por otra parte, que se debe escuchar con atención y objetividad a los miembros del grupo por largos periodos, pues no elige como forzosa, en todos los individuos, ninguna de las premisas emotivas estándar.

Debemos advertir que la adecuación del contexto, o de la, o las, premisas emotivas de los miembros del grupo no lo es todo en la relación grupal.

i) Tácticas de interpretación, confrontación y clarificación

La táctica de interpretación se utiliza principalmente en el manejo de grupos orientados psicoanalíticamente. Partiendo de esto, el papel central de la interpretación fue definido en 1954 por M. Gill de la siguiente manera: "El psicoanálisis es aquella técnica que, empleada por un analista neutral, da por resultado el desarrollo de una neurosis regresiva de transferencia y la resolución última de esta neurosis mediante técnicas de interpretación."

Se trata básicamente de un proceso verbal en el cual el conductor del grupo ofrece a los integrantes la oportunidad de comprender mejor las resistencias y defensas aparecidas en el proceso grupal. Sin embargo, se debe tener cuidado en la forma de expresar la interpretación correcta, y también utilizar el *momento oportuno* en el cual el conductor pueda dar a conocer esta interpretación al grupo o a un miembro en especial. De ello depende el éxito del empleo de esta táctica.

Según Sandler, Dare y Holder, existen diferentes tipos de interpretaciones que también se utilizan en los procesos grupales y son:

a) Interpretación de contenido.
b) Interpretación simbólica.
c) Interpretación de defensas.
d) Interpretación mutativa.
e) Interpretaciones transferenciales.
f) Interpretación directa.

En la interpretación de contenido, se tiende a "traducir" el material expuesto por algún miembro del grupo a algún significado más profundo percibido por el conductor.

La interpretación simbólica se refiere a la traducción de sueños, actos fallidos, etc.

En la interpretación de defensas se analizan los mecanismos que utilizan los miembros del grupo ante situaciones dolorosas y difícilmente tolerables.

La interpretación mutativa se refiere a las actitudes que tienen los miembros del grupo relacionadas con sus patrones de autoridad y rigidez, y la forma en que, ante ellos, se comportan en el aquí y el ahora, es decir, en el momento de llevarse a cabo la interpretación.

La interpretación transferencial se refiere a los sentimientos que expresan los miembros del grupo en relación al conductor. De acuerdo con la teoría psicoanalítica, los miembros del grupo transfieren a la figura del conductor aquellos sentimientos desarrollados hacia figuras importantes en sus primeros años de vida.

Las interpretaciones directas son aquellas que da el conductor como respuesta inmediata al material del grupo, sin esperar mayores clarificaciones.

Aunado al proceso de interpretación, Greenson agrega la confrontación y la clarificación, tácticas que considera como variantes de la interpretación, y cuya finalidad es llegar a una mejor comprensión de la situación interna de los miembros del grupo. Esta comprensión es conocida en el lenguaje psicoanalítico como *insight*. La confrontación: "Es considerada como un proceso que consiste en llamar la atención del sujeto hacia un fenómeno particular, llevándolo a reconocer algo que ha estado evitando y que debe ser comprendido más adelante."

La clarificación: "Representa el proceso de mostrar en foco el fenómeno psicológico con el cual el sujeto es confrontado. Implica 'desenterrar' detalles significativos que deben ser separados de materias extrañas."

j) Tácticas de terminación

Aunque parece ser que las tácticas de terminación son obvias y fáciles de manejar, resulta de suma importancia para el conductor y los participantes del grupo saber utilizarlas con habilidad y eficacia.

Este método puede ser utilizado para poner fin a una unidad de trabajo, finalizar una determinada reunión o al dar por terminada la labor realizada por el grupo.

Shostrom y Brammer sugieren, para poner fin a una unidad de trabajo, las tácticas de reflexión en las que el conductor utiliza las ideas expuestas previamente y elabora un breve resumen del material obtenido; las *tácticas de obturación,* que consisten en cambios de tema que sin ser demasiado intensos hagan avanzar la labor del grupo. (Un manejo correcto del acto de callar por parte del conductor ayuda a disminuir la frecuencia de los temas a los cuales se quiere poner fin.) Cuando alguno de los participantes insiste en algún tema, se puede utilizar *una táctica de interpretación,* en la que se hace ver al sujeto que si bien es necesario abandonar el tema por ahora, habrá otro momento en que nuevamente se volverá al mismo.

Para finalizar una sesión de trabajo, se requiere otros métodos

a) El primero consiste en establecer *límites de tiempo* que es el medio natural para avisar que la reunión ha llegado a su término. El tiempo necesario para cada actividad se establece de acuerdo con el tipo de trabajo realizado para el grupo.

b) La elaboración de un *resumen* breve de las actividades realizadas puede ser otro punto importante. Este puede realizarlo el conductor o cualquier participante.

c) La *referencia al futuro* puede ser otro punto más, y sirve para indicar no solo el fin de la reunión, sino también el deseo de seguir adelante con el trabajo. Esta táctica se usa con frecuencia en los encuentros grupales psicoterapéuticos, especialmente si alguno de los participantes se siente ansioso y con la idea de prolongar la sesión.

d) Las *actitudes y ademanes* del conductor y de los participantes indican también el fin de la reunión. Por ejemplo, al ponerse de pie, al consultar el reloj, al guardar el material que se ha utilizado, al ponerse el abrigo, etc.

e) Otra táctica muy útil es la de "dejar alguna *tarea* para hacer en casa" métodos frecuentemente utilizados en los grupos escolares y laborales.

f) *La disminución gradual de la entrevista grupal* marca la llegada del último lapso y permite a los participantes reducir sentimientos de ansiedad o de agitación, especialmente en grupos de psicoterapia, discusiones, grupos con fines políticos, etc.

Para dar por terminada la labor grupal, las tácticas que se utilizan varían de acuerdo con el trabajo realizado.

Existen algunos grupos que, una vez creados, no se ocupan jamás de disolverlos. Por ejemplo los grupos familiares, clubes, instituciones, etc. Algunos otros grupos, como los escolares, se rigen por medio de un calendario previamente elaborado y según este se planea el fin de la labor.

Cuando los grupos se forman con el objetivo de realizar una actividad determinada (grupos sociales, laborales y cualquiera de tipo eventual), el fin del trabajo grupal debe coincidir con el momento del logro de dicha actividad, y cuando las metas propuestas han sido alcanzadas.

En los casos anteriores, la terminación de los encuentros grupales parece ocurrir de una manera natural y sin que los participantes o el conductor utilicen alguna táctica especial, pero existen otros casos, como por ejemplo en los grupos terapéuticos, en donde la terminación del tratamiento está marcada por el conductor del grupo o por alguno de los participantes, que en un momento dado, decide separarse.

El conductor puede poner término a las actividades en el momento que considere que las metas de los participantes han sido alcanzadas y que cada sujeto es capaz de enfrentarse, por sí mismo, a sus propios problemas; también que los cambios en el comportamiento de los integrantes, producidos por la terapia, han sido aceptados y el sujeto es capaz de manejarse adecuadamente.

Shostrom y Brammer dan algunas sugerencias que pueden resultar útiles al conductor para la terminación de un grupo y son las siguientes:

1. *De preparación verbal:* El conductor utiliza frases como: "Parece que ya hemos avanzado lo suficiente para seguir solos nuestro camino…", "considero que estas sesiones nos han enseñado mucho y a partir de ahora ya no serán necesarios más encuentros…"
2. De elaboración de un *resumen definitivo* de lo realizado por el grupo.
3. De orientación a los participantes acerca de los *refuerzos posteriores* al tratamiento, como por ejemplo: "Estaremos en contacto y podremos reunirnos de vez en cuando para tomarnos juntos una copa…", "si

alguno de ustedes desea venir a visitarme alguna vez, yo estaré encan-
tado..."

Esta táctica produce aliento y confianza en los miembros que han
establecido una relación fuerte de dependencia con el grupo y les
angustia tener que abandonarlo.

4. La *despedida oficial* debe ser cordial y en tono de confianza. Este punto
no siempre resulta fácil de realizar, sobre todo si se trata con personas
que, a pesar de aceptar que el momento de la terminación ha llegado,
hacen algunos intentos para no desprenderse del grupo.

Tercera parte. Aplicación de las técnicas y tácticas

Las técnicas y tácticas mencionadas en la sección anterior pueden aplicarse en los diferentes campos sociales, laborales, educativos, clínicos y científicos.

Sin embargo, su aplicación exitosa requiere la habilidad del conductor para seleccionar cuál es la mejor según las circunstancias y metas particulares de cada grupo.

Es conveniente aclarar que no debemos pedirles a las técnicas y tácticas lo que no nos pueden dar, es decir, en muchas ocasiones el éxito o el fracaso de una experiencia grupal depende de las habilidades del conductor y de las características del grupo.

El fracaso de una experiencia grupal puede deberse a:

a) Una falta de conocimiento de las propias habilidades por parte del conductor.
b) Una mala selección de técnicas.
c) Una mala selección de tácticas.
d) Una conducción inadecuada.
e) Un desconocimiento de los miembros del grupo (como una selección inadecuada).
f) Un desequilibrio en alguna de las propiedades del grupo.

A continuación proponemos un cuadro que esperamos sirva de guía en la aplicación de las diferentes técnicas y tácticas.

La numeración del 1 al 4 indica, en orden jerárquico, la sugerencia de su aplicación.

Técnicas

	Escolar	Laboral	Social	Clínico	Actividades científicas
1. Las actividades recreativas	2	3	1	4	
2. La asamblea	1	2	3		
3. La conferencia	2	1	3		
4. Los congresos	3	3	3		1
5. Técnica demostrativa	2	2	3		
6. El diálogo	1	2	3	4	
7. Discusión en grupos pequeños	1	1	2	4	
8. La dramatización	1	2	2	1	
9. La entrevista	1	1	1	1	
10. Técnica expositiva	1	1	4		
11. Grupos de confrontación	1	1	3	1	
12. Los grupos de encuentro	1	1	2	1	
13. Grupos T	2	1	2		
14. Los grupos maratón	2	3	1		
15. Grupos psicoanalíticamente orientados	3	3	1		
16. Los grupos de sensibilización	2	2	3	1	
17. Interrogatorio por una comisión	1	1	2	1	
18. Las jornadas	1	2			1
19. La mesa redonda	1	2			1
20. La mesa redonda con interrogador	1	2			1
21. Método de diálogo simultáneo	1	2	2		
22. Método de reunión en corrillos	1	2	3		
23. Promoción de ideas	1	1	3		2
24. El role playing	1	2	2	2	
25. Los seminarios de investigación y trabajo	2	1			2
26. El simposio	1	3			1
27. El sociodrama	2	2	2	1	
28. Talleres de trabajo	1	1			1

Tácticas

	Escolar	Laboral	Social	Clínico	Actividades científicas
a) De iniciación y comunicación	1	1	1	1	1
b) De estructuración	1	1	1	1	1
c) Reflexivas	2	3	4	1	
d) De aceptación	1	1	1	1	1
e) De alentamiento	1	1	2	1	
f) De catarsis	3	2	2	1	
g) De silencio				1	
h) De contextualización	2	2	2	1	
i) De interpretación, confrontación y clarificación				1	
j) De terminación	1	1	1	1	1

BIBLIOGRAFÍA

Ach, D.B., Elizabeth Mintz, Paul Bribdrim. 1971. *Sensitivity Training and Group Encounter*. Nueva York: Grosset and Dunlap.

Adult Education Association. 1956. "How to Lead Discussions", núm. 1, Chicago.

Adult Education Association. 1956. "How to Use Role Playing", núm. 6. Chicago.

Argyris, Chris. 1951. *Role Playing in Action*. School of Industrial and Labor Relations, núm. 16. Ithaca: Cornell University Press.

Arnold, Carrol C., Russel H. Wagner. 1950. *Handbook of Group Discussions*. Nueva York: Houghton Mifflin.

Asch, S. 1956. *Psicología social*. Buenos Aires: EUDEBA.

Bales, R.F. 1950. *Interaction Process Analysis*. Cambridge: Addison Wesley.

Barriguete Castellón, Armando. 1974. "El Saludo", *Cuadernos de Psicoaná-lisis*, enero-junio.

Bass, B.M. 1960. *Leadership, Psychology and Organizational Behavior*. Nueva York: Harper.

Beal, M. George Bohlen, M. Joe Raudabaugb, J. Neil. 1964. *Conducción y acción dinámica del grupo*. Buenos Aires: Kapeluz.

Bellak, Leopold y Leonard Small. 1975. *Psicoterapia breve y de emergencia*. Ciudad de México: Editorial Pax-México.

Benne, K.D. 1964. *History of the T-Group in the Laboratory Setting*. Nueva York: John Wiley & Sons.

Berlo, David K. 1975. *El proceso de la comunicación*. Buenos Aires: El Ateneo.

Bernard, 1946. *Psicología social*. Ciudad de México: Fondo de Cultura Económica.

Betherl, Lawrence L.; Atwater, S.; Smith, Stackman, H. A. Jr.

Bixler, R.H. 1949. "Limits are Therapy", *J. Consult. Psychol*, núm. 13, pp. 1-11.

Bradford, Gibb y Benne. 1964. *T-Group Theory and Laboratory Method Innovation in Reeducation*. Nueva York: John Wiley & Sons.

Bradford, Gibb. 1964. *Membership and the Learning Process*. Nueva York: John Wiley & Sons.

Bradford, Leland P. 1948. *Dinámica del grupo de discusión*. Buenos Aires: Ediciones Colección Hombre y Sociedad.

Brammer, Lawrence y Everett Shostrom. 1961. *Psicología terapéutica*. Ciudad de México: Editorial Herrero.

Brodbeck, M. 1958. "Methodological Individualism: Definition and Reduction", *Philosophy of Science*, 25(1), pp. 1-22.

Cartwright, Dorwin y Alvin Zander. 1971. *Dinámica de grupos*. Ciudad de México: Trillas.

Castaño Asmitia, D.Alberto. 1975. *Desarrollo social y organización. Problemas y perspectivas del mejoramiento deliberado*. Ciudad de México: Editorial IEE.

Cirigliano, Gustavo y Aníbal Villaverde. 1975. *Dinámica de grupos y educación*. Buenos Aires: Humanitas.

Clark, Charles H. 1958. *Brainstorming*. Garden City: Doubleday,

Collins, Barry E. 1971. *Psicología social de los procesos de grupo en la adopción de decisiones*. Buenos Aires: El Ateneo.

Cooley, Charles. 1936. *Social Organization*. Nueva York: The Free Press.

Coutu, Walter. 1949. *Emergent Human Nature*. Nueva York: Alfred A. Knopf.

Cueli, J. y C. Biro. 1975. *Psicocomunidad*. Ciudad de México: Prentice-Hall.

Curtis, Jack H. 1971. *Psicología social*. Barcelona: Ediciones Martínez Roca.

Deutsch, Morton y R.M. Krauss. 1965. *Theories in Social Psychology*. Nueva York: Basic Books.

Díaz, Guerrero Rogelio. 1966. *Tres contribuciones a la psicoterapia*. Ciudad de México: Trillas.

Dyer, William. 1968. *Teoría y métodos modernos del adiestramiento grupal*. Buenos Aires: Editorial Guadalupe.

Eisenberg, Helen y Larry Eisenberg. 1956. *Omnibus of Fun*. Nueva York: Association Press.

Etzioni, Amitai. 1975. *A Comparative Analysis of Complex Organizations*. Londres: The MacMillan Publishing Co.

Foulies, S.H. y E.J. Anthony. 1957. *Group Psychotherapy: The Psychoanalytic Approach*. Londres: Pelican Psychology Series. Penguin.

Germani, Gino. *Estudios de psicología social*. Biblioteca de Ensayos Sociológicos.

Gottschalk, L.A. y R.S. Davidson. 1971. "Sensitivity Groups, Encounter Groups, Training Groups, Marathon Groups, and the Laboratory Movement", en H.I. Kaplan y B.J. Sadock (eds.), *Comprehensive Group Psychotherapy*. pp. 422-459, Baltimore: The Williams & Wilkins Co.

Greer, Scott A. *Organización social*. Buenos Aires: Paidós.

Grumberg, León 1910. Psicoterapia del grupo. Buenos Aires: Paidós.

Grumberg, León, Marie Langer y Emilio Rodríguez. 1968. *El grupo psicológico*. Buenos Aires: Editorial Nova.

Gulley, Halbert E. 1960. *Discussions, Conference and Group Process*. Nueva York. Henry Holt.

Hare, Paul A., Edgar F. Borgatta, Robert F. Bales. 1955. *Small Groups. Studies in Social Interaction*. Nueva York: Alfred A. Knoff.

Hills, Christopher y B. Robert Stane. 1970. *Sensitivity and Awarensess Sessions*. Nueva York: The American New Library, Inc.

Hommans, G.C. 1950. *The Human Group*. Nueva York: Harcourt Brace.

Ingham, H.V. y Leonore R. Love. 1954. *The Process of Psychotherapy*. Nueva York: McGraw Hill.

Kaos, Asya, Jack D. Kasner, Charles Winick, S.H. Foulkes. 1974. *Manual de psicoterapia de grupo*. Ciudad de México: Fondo de Cultura Económica. México.

Keller, Fred S. 1965. *Aprendizaje*. Buenos Aires, Paidós.

Knowles, Malcolm y Huida. Introducción a la Dináinica de

Konig, René. Sociologie. Fisher Bucharci. 1958.

Krech, Crutchfield. 1972. *Psicología social*. Madrid: Biblioteca Nueva.

Lakin, M. 1972. *Interpersonal Encounter: Theory and Practice in Sensitivity Training*. Nueva York. McGraw Hill.

Lambert de Lambert. Psicología Social. Manuales de U.T.E.A. núm. 264. México.

Lemoine, G. y P. Lemoine. 2000. *Una teoría del psicodrama*. Madrid: Gedisa.

Lerner, M. 1974. *Introducción a la psicoterapia de Rogers*. Buenos Aires: Editorial Nueva Visión.

Levrr, Grace. "Leaming Through Role Playing." Adult Leadership. Vol. 2, núm. 5, octubre, 1955.

Lewin, K. 1948. *Resolving Social Conflict*. Nueva York: Harper.

Lifton, W. 1972. *Trabajando con grupos*. Ciudad de México: Limusa Wiley.

Lindgren, Henry Clay. 1975. *Introducción a la psicología social*. Ciudad de México: Trillas.

Linooren, C. 1975. *Introducción a la psicología social*. Ciudad de México: Editorial Trillas.

Lippit, Ronald y Ralph K. White. 1952. *Readings in Social Psychology*. Nueva York: Henry Holt.

MacIver, Robert M. y Charles H. Page. 1969. *Sociología*. Madrid: Tecnos.

MacKinnon, Roger; Michels, Robert. Psiquiatría Clínica Aplicada. Editorial Interamericana, 1973.

Maier, Norman R.F. 1955. *Psicología industrial*. Madrid: Ediciones Rialip.

Maissonneuve, Jean. 1963. *Psicología social*. Buenos Aires: Paidós.

Mann, John. 1971. *Encounter*. Nueva York: Simon & Schuster.

Matthew, B. Miles. 1965. *Aprendizaje del trabajo en grupos*. Buenos Aires: Ediciones Troquel.

Merrill, Francis E. 1969. *Society and Culture*. Nueva York: Prentice Hall.

Merton, R.K. 1957. *Social Theory and Social Structure*. Nueva York: The Free Press.

Mott, Paul E. 1965. *The Organization of Society*. Nueva York: Prentice Hall.

Mouret Polo, R.E. 1976. "Grupos de encuentro. Una evaluación práctica", tesis, Ciudad de México: UNAM.

Napier, R.W. y M.K. Gershenfeld. 1975. *Teoría y experiencia*. Ciudad de México: Trillas.

Newcomb, T. 1951. "Social Psychological Theory", en J.H. Rohrer y M. Sherif (eds.). *Social Psychology at the Crossroads*. Nueva York: Harper.

Newcomb, T. 1981. *Manual de psicología social*. Buenos Aires: Eudeba.

Newcomb, T.M. 1961. *The Acquaintance Process*. Nueva York: Henry Holt & Co.

Olmsted, Michael S. 1963. *El pequeño grupo*. Buenos Aires: Paidós.

Otto, C.P. y R.O. Glaser. 1970. *The Management of Training. A Handbook for Training and Development Personnel*. Boston: Addison-Wesley.

Palacios, A. 1975. *Técnica de grupo en psicoanálisis*. Ciudad de México: Prensa Médica.

Parnes, Sidney J. 1957. "This is Brainstorming", *Adult Leadership*, 7(10).

Rogers, Carl. 1969. *Psicoterapia centrada en el cliente*. Buenos Aires: Paidós.

Rogers, Carl. 1973. *Grupos de encuentro*. Buenos Aires: Amorrortu.

Rogers, Carl. y Marian G. Kinget. 1971. *Psicoterapia y relaciones humanas*. Madrid y Barcelona: Editorial Hombres, Hechos e Ideas.

Rosenfeld, D. 1971. *Sartre y la psicoterapia de los grupos*. Buenos Aires: Paidós.

Sanabria, R. 1976. "Utilidad de las técnicas de grupo T y el mejoramiento de las funciones del yo", tesis Ciudad de México: UNAM.

Sandler, J. y A. Holder. 1973. *El paciente y el analista*. Buenos Aires: Paidós.

Scheidlinger, S. 1952. *Psychoanalysis and Group Behavior*. Nueva York: Norton.

Schutz, William C. 1973. *Expanding Human Awarness*. Londres: Pelikan Books.

Shaw, Marvin, E. 1971. *Group Dynamics: The Psychology of Small Groups Behavior*. Nueva York: McGraw-Hill.

Shibutani, Tamotau. 1971. *Sociedad y personalidad*. Buenos Aires: Paidós.

Slavsan, S.R. 1960. *Analytic Group Psychothetapy*. Nueva York: Columbia University Press.

Sopena, Manuel. 1956. *Diccionario Enciclopédico Ilustrado*. Barcelona: Editorial Ramón Sopena.

Sprott, W.J.H. 1958. *Grupos humanos*. Buenos Aires: Paidós.

Sprott, W.J.H. 1975. *Psicología y sociología del líder*. Buenos Aires: Paidós.

Stack Sullivan, Harry. 1974. *La entrevista psiquiátrica*. Buenos Aires: Psique.

Tindall, R.H. y F.P. Robinson. 1947. "The Use of Silence as a Technique in Counseling", *Journal of Clinical Psychology*, 3.

Vela, Jesús Andrés. 1974. *Técnica y práctica de las relaciones humanas*. Bogotá: Stella.

Washburne, Norman F. 1962. *Decisions, Values and Groups*. Nueva York: MacMillan.

Wolman, B.B. 1968. *Sistemas y teorías contemporáneas en psicología*. Barcelona: Editorial Martínez Roca.

"Workshops on Workshops and Institutes". 1956. *Adult Leadership*, 4(7).

Dinámica de grupos
se terminó de imprimir en la Ciudad de México
en octubre de 2020 en los talleres de Impresora
Peña Santa S.A. de C.V., Sur 27 núm. 475, Col. Leyes
de Reforma, 09310, Ciudad de México.
En su composición se utilizaron tipos
Bembo Regular y Bembo Italic.